蓮花生大士

- 聽伏藏師說故事 -

Padmasambhava

Neten Chokling Rinpoche

蓮師如我像

據說蓮花生大士在西藏桑耶寺
看到這尊雕像時說道：「他如我一般。」

蓮師加持了雕像後又說：
「現在，他與我無二無別。」

這是該雕像目前僅存的唯一一張照片，
由前任的錫金皇太后於一九五九年前在西藏拍攝。

編者 序

長久以來眾所皆知，印度是佛教的誕生地，但佛教卻幾乎要在這片土地上消失了。在當今的印度，若提及佛教，主要會聯想到的竟是西藏。不過，為什麼是西藏？究竟為何如此呢？

儘管今天在印度乃至世界各地，大家對佛教所抱持的真切興趣正以驚人的速度蔓延，但那些將佛法弘揚到印度境外的偉大印度大師們，卻鮮為人知。這些大師們是誰？他們來自何方？他們在那些無論遠近的國度，是以什麼樣的形式、在哪些疆域弘揚佛法，甚而將佛法保存下來的呢？

在被遺忘的歷史當中，偉大的蓮花生大士是第一位受西藏君王之邀而入藏教導且傳揚佛法的偉大尊貴上師。他的故事在印度早被遺忘，但對於西藏的佛教徒來說，卻依然鮮活。這是一則傳說，也是一個神話，而當這個故事在他的故鄉逐漸消失之際，對古代的西藏卻產生了深遠的影響。

透過了解他的生平，並一瞥他的教法，都能對現今的讀者產生深遠的影響。越來越多的印度人正在重新認識佛教，並轉而學習這套深奧卻本質簡易又不帶偶像崇拜色彩的哲學體系，此現象似乎呼應了當今人們普遍的需求：渴望從對我們身心越來越具破壞性的生活方式當中解脫出來。

這套叢書的目標，便是為了因應此一需求，而以簡明易懂的方式來呈現這些偉大上師的故事和教導。要找到一位適當的人選來撰寫偉大上師蓮花生大士的故事，並非輕而易舉之事。所以，當我的友人布萊恩・木爾維希爾（Bryan Mulvihill）表示他可以邀請秋林仁波切來執筆時，我可是驚呆了。我簡直不敢相信他會答應。我看過他拍攝的電影《密勒日巴》，也知道他正計畫拍攝一部關於蓮花生大士的影片。這似乎是完美的結合。我當時屏息以待他的回覆。當我得知他首肯時，就如同美夢成真一般。而送到我手中的手稿，是如此完美，讓人無可挑剔。而仁波切極其迷人、溫柔又學識淵博的年輕夫人秋陽（Choyang）女士，隨後幾次來到德里處理書本的相關事宜，包括篩選圖片以及為我們澄清一些疑惑。最後呈現的成果，就是這本容易閱讀又深具啟發的書。我希望各位讀者會跟我一樣喜歡它。

　　我衷心且持續地感激洛克什・錢德拉博士（Dr. Lokesh Chandra）在過去幾年所提供的啟蒙意見，以及對我各種問題和好奇的耐心協助，並透過圖像和註解為這套叢書系列給予實質的幫助。另外也要感謝確吉・巴嫫（Chokyi Palmo）非常大方地貢獻了她的照片，阿查爾・庫馬爾（Achal Kumar）則慷慨地奉上了他的時間及專業技術，為我們拍攝高品質的圖像。西布拉・西蒙（Kshipra Simon）總是在我們需要的時候協助拍攝額外的影像。秋陽女士、阿修・旺迪（Ashok Wangdi）以及布萊恩・木爾維希爾，各自以不同的方式協助了我們，讓這個夢想得以成真。

阿魯納・瓦蘇德夫（Aruna Vasudev）

系列叢書總編

作者 序

　　這本關於蓮花生大士的書，是由蓮師許多的成道傳記所匯集而成。相關的成道傳記儘管繁多，彼此之間卻沒有絲毫抵觸。這些傳記均由蓮師口述，再由其心子兼知己伊喜‧措嘉（藏：Yeshe Tsogyal）所記錄而成。另外也收錄蓮師其他親近弟子所記載的版本。

　　印度是一個具有豐富佛教遺產的國土。從查謨（Jammu）到喀什米爾（Kashmir），乃至南方的泰米爾納德邦（Tamil Nadu），都能找到印度過往的佛教足跡。我祈願這本關於蓮花生大士的書，能夠充實讀者對此一卓越傳承的了解——特別是印度的讀者們，能夠對自己所擁有的歷史感到自豪。我同時祈願印度的佛教遺產能夠世世代代延續不斷。

　　身為佛教徒，我衷心感謝阿魯納‧瓦蘇德夫提議編輯這套關於印度史上佛教大師的叢書。這將為現在及未來帶來極大的利益。同時也感謝修比‧阿爾雅（Shobit Arya）與智慧樹出版社（Wisdom Tree）發行這套系列叢書。

乃旦‧秋林

蓮花生大士的伏藏像：
由伏藏師桑傑‧林巴（藏：Sangay Lingpa，1340-1396）所取出的伏藏品。

目次

1 蓮花生大士：
偉大的印度班智達

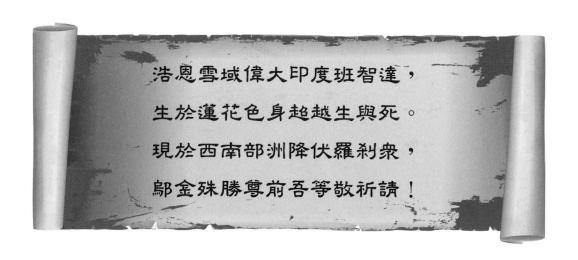

浩恩雪域偉大印度班智達，
生於蓮花色身超越生與死。
現於西南部洲降伏羅剎眾，
鄔金殊勝尊前吾等敬祈請！

這段遍及藏地且常受唸誦的蓮師祈請文，一開始就提到蓮師廣為人知的稱號：「偉大的印度班智達」（梵：Pandita，大學者）。他的恩澤是難以計量的。遺憾的是，雖然他為藏人及全世界金剛乘佛教徒帶來如此顯著的影響，但今天我們對這位班智達卻是所知甚少，就連在他的故鄉也是如此。

然而，我個人仍抱持著希望。這位藏人心目中如此尊崇的非凡聖者，在其出生地確實並沒有完全被遺忘。九年前，我參訪位於加爾各答的印度博物館（Indian Museum）。經過犍陀羅展廳（Gandhara Gallery）時，一尊特別的雕像引起了我的注意。

我向前仔細一看：標籤上只寫了「菩薩」，此外並無其他稱號。在好奇心的驅使下，我繼續往前走，想要找到更多類似的雕像。很快的，我就找到了另外一尊，而這尊的標籤是：「皇室菩薩」。從雕像本身所搭配的衣服和首飾來看，一眼就看得出此人有皇族血統。尊貴的臉龐上，有很明顯的鬍鬚。我興奮的想著：「這一定是那位偉大的印度班智達！」我很欣喜，心想這就是無數印度人與金剛乘佛教豐富遺產間那份長久遭到忘失的連結，而此淵源對他們來說該會有多麼珍貴。這尊雕像確實被認為是神秘蓮師的真容，有幾位西藏大師也是這麼認為的。正是這位既高深莫測又備受尊崇的印度大師將佛教引介給藏人。

　　蓮花生大士的成道傳記有許多版本保留至今，而它們之間並沒有互相抵觸之處。有些版本長達數頁，有些則相當簡短，只摘錄了他生平廣為人知的主要事蹟。

左圖｜蓮花生大士左臂彎挾著天杖（梵：Khatvanga，音譯：卡章嘎），左手托持顱器（kapala，嘎巴拉）。右手置於胸前，執持金剛杵（梵：vajra；藏：dorje），象徵堅不可摧。

接下來，我將在這本書裡列舉從不同傳記及蓮師弟子解脫故事當中擷取的各種片段。作為一位金剛乘的行者，我是聽著許許多多蓮師的生平故事而長大的；當我還是寺院裡的小沙彌時，就有人為我引介了《蓮花遺教》（藏：Padma Kathang），那是一部詳盡的蓮師傳記。我們當時經常一次又一次地閱讀，幾乎都可以整本背下來了！金剛乘佛教徒都被教導要親自閱讀或委請別人朗誦蓮師的成道傳記（藏：namthar）來驅除疾病及生命中的障礙。嬰兒誕生之時，會有人大聲唸誦蓮師的名號，以保母子健康平安；亡者臨終之際，則有人提醒要將蓮師牢記在心，因為蓮師必然會引領他的神識安然進入下一段旅程。這就是蓮師與我們日常生活緊密交織的方式——相當於一種不可或缺的信念。

在《摩揭陀國授記經》，佛陀預言了蓮花生大士的到來：

為了根除恆常見，我將入於寂滅中，
然而復經十二載，為了清除虛斷見，
我於無垢郭夏湖，現身一朵蓮花中，
身為國王高貴子，國王因此而愉悅，
並將轉動佛法輪，無比精要之法義。

佛陀所說的這段話，表明蓮師確實會在我們人道當中出現。他在印度次大陸的許多地方都曾經現身，包括印度、巴基斯坦、孟加拉國以及周邊的阿富汗、尼泊爾、不丹、斯里蘭卡、西藏和中國。但只有在他持續展現巨大影響力的藏傳佛教追隨者中，他的化現才獲得全面接受而無人質疑。今日所有與蓮師相關的資料，都來自藏文文獻。

　　佛教在印度的故事，就如同任何宗教故事一樣，也有過盛衰浮沉。經乘道不僅僅在印度次大陸廣受修持與弘揚，還傳播到鄰近的斯里蘭卡、緬甸、柬埔寨、印尼、泰國、越南、中國等國家。因此，當我們提及佛陀時，有很多可以引用的資料。但密續道，也就是金剛乘的密咒道，則只有少數受過灌頂的弟子在進行秘密修練。密乘從未被公開教導或修持。隨著佛教在印度式微，向來屬於「隱密」的密續道，也就完全銷聲匿跡了。

　　如同佛陀的授記，蓮花生大士是「密乘之主」。蓮師在西元八世紀將密乘，又稱金剛乘，帶入西藏。金剛乘唯有在西藏才真正發揚光大，此傳承至今不僅依然鮮活，還格外興盛。我們現在能擁有這些教法，全得歸功於蓮師。

蓮花生大士並非凡夫。他早已是證悟者，來到這個世間只不
過是為了服務有情眾生。他從蓮花中誕生的方式，可能會讓
一些人感到詫異。但我們肯定都曾聽說過其他奇蹟般的出生，
例如：佛陀從母親的右腋下誕生，耶穌則由在室之女所生。

　　遲至十七世紀，西藏的朝聖者仍會前往斯瓦特河谷（Swat
Valley），或稱烏迪亞納（Uddiyana，在現今巴基斯坦），
尋找蓮師的出生地。或許是因為佛教於拉達克（Ladakh）以
西消失的緣故，這類朝聖之旅後來就完全停止了。當人們不
再主動探尋，烏迪亞納便成了傳說之地，也蒙上神秘與魔幻
的色彩。著名的藏學家朱塞佩‧圖齊（Giuseppe Tucci）在他
的《西藏朝聖者的斯瓦特河谷之旅》（Travels of the Tibetan
Pilgrims in the Swat Valley）一書中寫道，烏迪亞納「變成了
一處秘境，在地理上和歷史上的真實性已黯淡衰退。」

蓮花生大士，側旁為耶喜措嘉和曼達拉娃兩位佛母。下方的兩個足印，為工布地區
「銅色吉祥山寺」（或稱「銅頂蓮花聖寺」）所收藏。

2 伏藏師說故事

故事的開端：藏王赤松德贊

西元八〇九年，藏曆牛年。當時的西藏君王赤松德贊[1]，是源自某印度天神所傳續皇室宗譜的第三十八位藏王。多年來，他不斷投身戰役，在他的率領下，西藏的領土向四面八方不斷拓展。這是西藏帝國最輝煌的時期，周邊的鄰國都感到戒慎恐懼。

這位年值二十的藏王，充滿驕傲地在戰場上來回走動。他的士兵正在欣喜慶祝又一次的勝利，因為廣大的領土再度得到擴張。當士兵們為勝利而歡呼時，藏王看到了他們眼中的飢渴—他們依然渴望著更多的領土。他的雙眼掃視了地平線，最後落在那些積聚如山而延伸至天邊的屍堆上。他感受到這些死去的人正在注視著他，但他們的眼睛卻凹陷而空洞，那種茫然的眼神刺穿了他的心。在後方，他卻聽見士兵的歡呼聲和喊叫聲。如此強烈的對比，讓他感到恐懼驚駭。一陣巨浪般的懊悔襲捲而來，他頓時為自己和士兵們感到無可抑遏的哀傷。

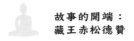
年輕藏王的胸中開始翻攪，一股深切的悲傷於他內在牢牢地紮根。正當他的權勢到達巔峰之際，心中卻生起了崇高的願望。一個念頭開始萌生：他想要讓佛教復興。他宣告：「我一定要讓聖法弘揚並且興盛。為此，我將建造一座供奉三寶的寺廟，使其成為人們虔誠恭敬的所依。」

回到宮殿後，赤松德贊立刻著手行動。他傳喚了一位懂得梵文的侍臣伊喜‧雄努（藏：Yeshe Shunu，梵：Jnana Kumara，智童）到面前，命其作為藏王的特使，帶著兩位侍從和要供養給那爛陀方丈的金粉，即刻趕往印度。

伊喜‧雄努帶領著西藏的使者們抵達了印度輝煌的那爛陀，這是一所著名的佛教大學及僧伽道場。他們請求立即優先拜見寂護方丈，並向他表達了藏王的急切意願。方丈接受了他們的邀請，同意展開這段艱難的旅途。而接下來會發生的重大事情，乃是數百年前於某一輩子所策劃好的計畫，容後再述。

這位印度僧侶與藏人們在炎熱的印度大地上緩緩前行。沿途，他們經過晚間在微風中搖曳的棕櫚樹，清晨則在杜鵑鳥的咕咕鳴聲迴盪空中之前就醒來趕路。而眼前的景物，逐漸從森林空地中跳著（交配）儀式舞步的嬉戲孔雀，換成了岩壁懸崖間飛奔猛衝的高岳山羊。他們越爬越高而進入了雲

霧繚繞之處，空氣也變得稀薄。威嚴的雪豹彷彿身處禪定那般，在他們面前寧靜而優雅地走過；他們則以徐緩從容的步伐，朝著壯麗的喜馬拉雅高原的最高處前進。

在蓮師到來之前，西藏是一片蠻荒之地。藏人是驍勇的戰士，在山谷和草原上都令人畏懼。在赤松德贊的統領下，西藏的領土更是超越了松贊干布當初以「昌隆和護國」為名所建而作為國界的幾間寺廟。藏王帶著滿心感懷而盛情邀請那爛陀方丈所進入的國度，就是這樣的西藏。

赤松德贊在名為紅岩的宮殿裡熱情地迎接了寂護。藏王向方丈獻上各式各樣的禮物，並且謙卑地向他提出請求：「偉大的大師，我希望為佛、法、僧建造一座寺廟。」印度方丈應允道：「尊貴的陛下，我將全力以赴。」他們接著就開始討論寺廟的建設。西元八一〇年，鐵虎年。時隔赤松德贊初懷宏願已有一年。西藏正在進行她有史以來最重大的計畫。在朝臣們眾目睽睽下，赤松德贊興奮地用金柄鋤頭破土開工，以其崇高的心願祝福了這片土地。隨後寂護趨身向前，以禪修力所攝持的菩提心，將此尊貴的事業獻給所有眾生的利益。

建造工程開始後，人們和牲畜從外到內緩緩地扛著泥土和石頭。藏王一直興致勃勃地在旁觀看，直到太陽消失在山後。隔天清晨，工人們一陣騷亂，為了搭建地基而堆積好的

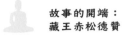

泥土和石頭，全部消失了。他們四處尋找，啞口無言。儘管如此，他們還是決定復工。牲畜背上扛著一袋又一袋的建材，袋子則是由麥稈和黃麻所製成；領頭的人們背上也扛著重擔。建設工作緩慢地進行著，寺廟的地基也開始成形了。

一天清晨，藏王巡視工地時，眼前的景象讓他大吃一驚。之前所建的一切全部不見了，原本搭好的架構連個影兒都沒有。有個工人大聲叫道：「沒有人能在一個晚上就做出這種事！」藏王非常震驚。他沈默了片刻後，鼓起勇氣命令他的工人們：「我們必須繼續！」

從四面八方，人們開始把大石頭滾到工地。有些人背著泥土和石頭，馱負重擔的牲畜跟著他們慢慢以沈重的步伐前行。快到黃昏時，赤松德贊審視了一遍工程進度。他雖然感到歡喜，但心中還是充滿了擔憂。地基建好，人們開始在砌牆了。在繁星綴滿穹蒼之際，藏人們心滿意足地結束了一天的辛勞返回家中。

翌日早晨，藏王出訪視察工地。他在平原當中看到的，卻是被毀壞的地基，而空中瀰漫著濃密的塵沙。他在沙塵堆和碎石堆中徘徊，並從地上抓起一把泥土，猛力扔向空中。藏王的侍臣們和印度方丈靜靜地看著這位年輕的國王望向遠

山，熱淚盈眶。當大臣們無奈地看著他時，印度方丈走向前去，充滿同情地拍了拍年輕藏王的背。赤松德贊崩潰得跪倒在地：「我的人白天所建的東西，晚上就被毀了，這座寺廟要怎樣才能完成呢？」他的聲音帶著悲痛與不滿。慈悲的方丈安慰著他，說道：「不要灰心！一切將會好轉的。」

　　年輕的藏王問方丈：「難道我福德不足？還是方丈的加持不夠有力？」方丈搖了搖頭，回答道：「並非陛下的福德不足，也不是我的加持不夠有力，乃是惡毒的鬼靈在製造障礙，它們對我的慈悲無動於衷。只有透過忿怒的手段才能調伏它們，而這只有一個人能夠辦到。」方丈的這番話，讓沮喪的藏王振作了起來，立刻問道：「是誰？」方丈回答道：「連佛陀都曾預言他的出現。佛陀在《涅槃經》裡親自授記，此人將從蓮花中奇蹟般地誕生。」藏王充滿期盼的看著方丈，問道：「他的名號為何？」方丈非常恭敬地雙手合十，回答道：「他，就是蓮花生大士。」

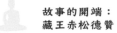

在斯碧提山谷（Spiti Valley）丹嘎爾（Dhankar）寺院上方一座廟堂中的蓮
花生大士壁畫。這張照片是在二〇〇六年拍攝的，當時這片壁畫牆面正在脫
落。這些珍貴的壁畫急需修復。 它們是遍佈喜馬拉雅各處之許多廟堂和寺院
的一部分，同時也是人類遺產的一部分。

註一：西藏君王

赤松德贊為西藏第二位大護法王。他的祖先松贊干布王是第一位將佛法引進領土的君王。松贊干布派遣他最信任也最聰慧的大臣前往印度學習語言。後來這位大臣創造了西藏的第一套字母系統。松贊干布從中國迎娶了信奉佛教的文成公主，並從尼泊爾迎娶了信奉佛教的尺尊公主（Bhrikuti Devi）。這兩位鄰國的佛教王妃都對西藏產生了深遠的影響。

蓮師的出生與出離

烏迪亞納王國，藏文名為鄔金（藏：O-rgyan，梵：Uddiyana），掩隱在斯瓦特河谷之中。如果你在地圖上搜尋斯瓦特河谷，便會在巴基斯坦找到它。烏迪亞納的統治者因札菩提王（梵：Indrabhuti）當時並無王位的繼承人。在占卜師和星象師的勸請下，虔誠的國王傾空寶庫，把自己的財富佈施給國土內的貧困者，但依然沒有子嗣。

為了再度填滿寶庫，國王決定前往珍寶島。他踏上船舶，飄洋過海，因為他知道只要繼續慷慨佈施，天神們必定會賜予子嗣以為回報。當國王從珍寶島返回時，他和侍從們非常驚訝地看到一朵無比美妙的巨大彩色蓮花，還有一位八歲男孩坐在花蕊上。國王和侍臣們訝異地看著這個不可思議的奇蹟。

國王問男孩他是誰，從何而來。男孩回答道：「我非從何處而來。我無父、無母，既無家人，也不屬於任何家族。」欣喜不已的因札菩提認為天神們終於聽到了他的祈禱，便將這名神奇的男孩抱了起來，放到絲綢的座墊上，將其命名為貝瑪桑巴瓦（梵：Padmasambhava），梵文的意思是「蓮花

生」。

　　這位從蓮花中誕生的王子，長大後娶了僧伽羅的光明持（Luminous Bearer of Singala）公主為妻。他享受著漂亮又聰慧之妻的陪伴，並且精通王國裡所有的武技。

　　在王國裡，他的俊美與才華使他深受愛戴和敬畏。包圍著他的，是溺愛的父親、美麗的妻子，以及富裕的王國。世俗生活的奢華讓他感到歡愉。五年就這麼過去了，直到有一天，金剛薩埵本尊化現在他面前，提醒他此生的目的[1]。王子覺悟到，統治王國並不是他這輩子的使命。他放下了摯愛的家人和父親的王國，捨棄了世俗的生活。這位烏迪亞納王子喬裝成雲遊的苦行僧，從他的王國朝向南方而去。

斯里蘭卡的馬拉雅山（Mount Malaya），依宗教傳統不同而稱為聖足印山（Sri Pada）或亞當峰（Adam's Peak）。根據金剛乘佛教史，蓮師曾到此山，從妙吉祥友（Manjushrimitra）大師處領受法教。

蓮花生大士的雕像俯瞰著喜馬偕爾邦雷瓦沙（Rewalsar, HP）的蓮花湖（藏：Tso Pema）。傳說中，他被當地的郡王逮捕後遭到焚燒，卻奇蹟似地將燃燒中的柴堆轉化為一片湖水。現今前往參訪蓮花湖的朝聖者，來自印度及世界各處。

措貝瑪（蓮花湖）：在蓮花生大士雕像的鄰近有藏式寺院與閉關處所，還有一座與蓮師有關的洞穴。在這兒經常能碰到一邊繞湖、一邊持誦蓮師心咒的朝聖信眾。

尼泊爾東部的瑪拉蒂卡岩洞（Maratika Cave）旁。印著蓮師心咒的經幡隨風飄揚。這類有著諸佛菩薩咒語的經幡，在各個佛教聖地隨處可見。在雷瓦沙（Rewalsar）這個與蓮師有緊密連結的地方，經幡上便都是蓮師的咒語。

註一： 此生的目的

仁波切開示思惟此生：此生在短暫的一瞬間就會結束，但輪迴卻是無止盡的。來世要怎麼辦呢？此外，誰都無法保證壽命的長短：何時死亡並不確定，而且每一步都像是被架往斷頭臺的囚犯，只是讓人更接近死亡。

所有眾生皆為無常，都會死去。你難道沒有聽說過那些死去的人嗎？難道不曾經歷親戚的過世？難道沒有發現我們都會變老？然而，你不僅不修持佛法，還遺忘了過去的悲痛；不僅不畏懼未來的苦難，還漠視惡趣（下三道）的痛苦。

你被一時的境況所驅趕，被二元固著的繩索所綑縛，因慾望之河而筋疲力竭，被輪迴存有的羅網所擭獲，被業力成熟的牢固枷鎖所俘虜。就連佛法的訊息到了面前，你還是執取散亂而仍舊漫不經心。難道死亡不會發生在你這種人身上嗎？

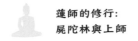
蓮師的修行：屍陀林與上師

這位瑜伽士王子抵達了清涼寒林[1]，此處為當時最恐怖的屍陀林（梵：Sitavana，類似亂葬崗）之一。那裡的死人鬼魂甚至在大白天也會出沒，製造各種幻影。到了傍晚，獵食動物伴隨著鬼魂一同遊蕩，飢餓地覓食。在夜黑風高之時，獵食動物發出飢餓的嚎叫聲，鬼魂則發出孤獨的哭鳴聲。蓮師便於此安頓，並整整停留了五年。不為人知的是，他還將最高的禪修法門傳給了屍陀林的空行母，也就是那些在修道上有著世間及出世間能力的超凡女性。

為了向佛陀致敬，蓮師到達了鄰近的迦耶城。在佛陀成道的金剛座前，這位年輕的瑜伽士獻上了禮讚與恭敬[2]。數百位「僧侶」憑空而現，對著這個尊貴的法座獻上花朵、鮮果以及禮拜。數百位「瑜伽士」也隨之出現，獻上他們的讚頌與禮拜。然後這些化現又返回融入到蓮師之中。

一位目睹整個過程的當地人走向蓮師，問道：「您對著正覺者的法座做出了如此莊嚴宏偉的禮敬。請問您是誰的弟子？」

蓮師回答道：「我沒有父親，也沒有母親。我沒有老師，也沒有上師。我沒有種姓(階級)，也沒有名字。我是自生佛。」這位當地人非常震驚，難以置信地說道：「一個沒有老師卻顯現神通的人，一定是惡魔！」因而害怕地從蓮師面前退縮而去。

　　儘管蓮師所言句句屬實，但他發現若要利益眾人，就必須讓他們對自己具有信心與信任。於是，他開始向印度博學且成就的大師們學習五明（the Five Sciences），以及經典與密續。這些大師們賜予他密續的灌頂（梵：Abhisheka），並為他闡述教言。

　　蓮師於多位男女導師的座下學習，對於從他們身上得到的教言和灌頂進行了聞、思、修。這些大師們包括了摩揭陀國的妙吉祥友（梵：Manjushrimitra）、印度的龍樹（梵：Nagarjuna）和佛密（梵：Buddhaguhya）、西印度的無垢友（梵：Vimalamitra）和釋迦光（梵：Prabhahasti）、尼泊爾的吽噶啦（梵：Hungkara）、烏迪亞納的達那桑智達（梵：Dhana Sanskrita）、寂藏（梵：Shantigarbha）、極喜金剛（梵：Prahevajra）和密月（梵：Guhyachandra），以及中國的師利星哈（梵：Shri Singha，吉祥獅子）。

從八位持明者（梵：Vidyadharas）的身上，他領受了摩訶瑜伽（梵：Mahayoga，或稱「大瑜伽」）《八大法行》（八位主要守護本尊的八種儀軌教法）以及相關的密續和日修儀軌，包括：

1. 從妙吉祥友領受《文殊閻摩敵續》
  （梵：Yamantaka Tantra）
2. 從龍樹領受《馬頭明王續》
  （梵：Hayagriva Tantra）
3. 從無垢友領受《大殊勝嘿嚕嘎續》
  （梵：Mahotarra Tantra）
4. 從釋迦光領受《普巴金剛續》
  （梵：Vajrakiliya Tantra）
5. 從吽噶啦領受《真實意嘿嚕嘎續》
  （梵：Vishuddha Tantra）
6. 從達那桑智達領受《召遣非人》
  （藏：Mamo，瑪姆）
7. 從密月領受《世間供贊》
8. 從寂藏領受《猛厲咒語》

蓮師從噶啦・多傑（極喜金剛）大師得到大圓滿（梵：Mahasandhi）心髓傳承。桑傑・桑瓦（藏：Sangay Sangwa，佛密）大師為他傳授《秘密藏續》（梵：Guhyagarbha Tantra），師利星哈大師則為他傳授《大殊勝嘿嚕嘎續》（梵：Mahotarra Heruka Tantra）以及大圓滿的教法。

蓮花生大士的忿怒相，左臂彎挾著天杖，左手托持裝有長壽寶瓶的顧器。

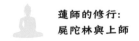
　　同樣的，他也從不同的女性上師們那裡得到了許多灌頂。在清涼屍陀林，名為雷基・旺嫫（藏：Lekyi Wangmo；梵：Karmeshvari, Karma Indranila）的智慧空行母為他教導了《善逝總集》（Assemblage of Sugatas）。在位於烏迪亞納南方的索薩林（Sosaling）屍陀林，他修持瑜伽禁行，並得到寂命（Sustainer of Peace）空行母的灌頂與加持。在烏迪亞納的粗獷林（Rugged Grove）屍陀林，他於淨相中見到金剛亥母（Vajra Varahi）智慧空行母，並得到灌頂。在薩霍爾的歡喜林（Joyful Grove）屍陀林，他得到降魔（Tamer of Mara）空行母的灌頂與加持。在栴檀林（Sandal Grove）屍陀林，密智（藏：Sangwa Yeshe，梵：Guhyajyana）智慧空行母化現為昆噶姆（藏：Kungamo）比丘尼的形象，並且給予他阿彌陀佛的外灌頂、觀音菩薩的內灌頂以及忿怒密續本尊馬頭明王的密灌頂。

　　在上師們的指導下，蓮師展現了能以智慧之劍斷除無明的能力。他於金剛座弘揚佛陀的教法數年後，離開該處而前往薩霍爾國，由大班智達無垢友接續護衛佛法的責任。

註一：清涼寒林

蓮花生大士的追隨者，經常會到鄰近菩提迦耶的清涼寒林。清涼寒林是蓮師當時於此駐留時經常前往的八大屍陀林之一。這是一個以恐怖又令人畏懼而聞名的地方，絕非根器不足之人所能趨入。蓮師就是在這些駭人的屍陀林裡教導其人間與非人的弟子。

註二：禮讚與恭敬

仁波切開示：無論你的佈施是否小如一粒芝麻，只要是以悲心與菩提心來行持，便會得到百倍的福德。如果佈施時不具菩提心的定解，就算送出牛馬等牲畜，福德也不會得到增長。

印度弟子：薩霍爾國公主

薩霍爾的國王有一位叫做曼達拉娃[1]（Mandarava）的女兒。她從小就與眾不同，表現出非凡的特質。到了適婚年齡時，許多鄰國的求婚者陸續到來。但曼達拉娃已經將自己奉獻給佛法，對這些來自遠近各地的男子絲毫不感興趣。薩霍爾王的心中深處相當忐忑，他擔心女兒如果拒絕他們，會惹怒這些求婚者。他與公主談及日漸逼近的婚事，並表示她可以按照自己的意願做出選擇。但曼達拉娃知道這只會讓自己受輪迴的虛飾所繫縛，因此一點都不渴望婚姻。

有一天，公主受夠了求婚者們無止盡的糾纏，便決定從一扇秘密的門逃離宮殿。她和侍女向東前行，直到她們到了一處安靜的地方。在這裡，她因為倍感輪迴的壓迫而情緒崩潰，脫下身上的絲綢衣裳並解下配戴的各種飾品，喊叫道：「除了佛陀的教導，我再無任何的執著。」公主用一塊岩石把那些飾品砸碎，並將碎片撒向前方。她發自內心地懇求，聲音激動不已：「願我的所思所想都跟隨佛法之道！願我不會成為新娘而被送往他方！」她將自己的衣服撕成碎片，拋向四方，再次強烈地哀嚎：「願我從世間八法的生活綑綁中解脫！」她從胸口發出一陣大力且猛厲的哀鳴，並開始拉扯

壁畫中的蓮花生大士。他戴著特有的帽子，左臂彎挾著天杖，右手執持金剛杵，
左手捧著盛有加持甘露的顱器，臉部帶著以悲心懷攝的怒容。

自己的頭髮，抓傷自己的面容，如此一來就不會有愛慕者接
納她了。侍女火速回返並向國王稟報她在森林中所目睹的這
一切。

父親得知女兒的情況後非常苦惱，便將所有前來的國王
和他們的使者都聚集在宮殿中。他為他們獻上禮品與供養，
恭敬地請求他們離開，並堅稱自己的女兒除了佛法以外，別
無他選。既然誰都沒有得到曼達拉娃，這些男子終於甘心，
因而返回了各自的王國。在此期間，曼達拉娃和她的許多侍
女們一同受戒，踏上了修行之道。國王為女兒及侍女們建造
了一座特別的宮殿，並且嚴格禁止任何男子進入。

蓮師之所以來到薩霍爾王國，是因為他知道在這裡會找
到宿緣的弟子，也就是這位薩霍爾公主。有一天，當曼達拉
娃和侍女們在戶外嬉戲時，遇見了蓮師。公主對這位瑜伽士[2]
感到一股強烈的信任與信心，並邀請他到自己的宮殿裡說法。
在某次的說法期間，有一位路過的牧牛人聽到了男子的聲音。
牧牛人覺得很奇怪，因為他知道曼達拉娃的宮殿裡是不允許
有男子的。這可是個大發現！他加快腳步直奔村裡，開始散
播蜚語。謠言很快就傳揚開來，這個消息最後到了國王耳中。

國王非常忿怒,他可不會允許他那皇族的女兒與托缽僧打交道。在國王的命令下,當蓮師還在為公主講法時,士兵就將曼達拉娃的宮殿包圍了起來。他們不顧曼達拉娃的哀求,將蓮師抓起來並綁在木樁上,放到一堆木柴上。他們以十萬顆芥子所榨出的油澆淋在柴堆上,接著點燃柴堆。公主則被丟入地牢作為懲罰。

薩霍爾王從他宮殿的窗戶仰望漆黑的天空,連續七天七夜,濃密的黑煙瀰漫著蒼穹,整個王國也被黑影籠罩著。國王對這個奇怪的現象感到相當好奇,便坐上馬轎,命令他的隨從跟著去一探究竟。到了焚燒蓮師的地點,國王驚訝地發現這位托缽僧不但活著,而且還坐在一座美麗湖泊中央的蓮花上,湖畔周圍還能看見火燒的痕跡。蓮師周邊則圍繞了一群空行母與天女,她們為蓮師清除塵垢,並向他獻上各種悅意物。帝釋天、梵天和他們的天神眷屬以及其他的天道眾生,也都從天上一邊灑下花朵,一邊讚頌蓮師。

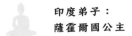
國王目瞪口呆地看著這一幕，直到帶著熱度的餘燼和煤灰輕落在他的臉上，這才讓他回過神來。他因自己對蓮師的不敬覺得深深懊悔。為了請求寬恕並想要表示他對先前行徑的懺悔，國王把皇室的馬匹從轎上解開，邀請瑜伽士坐上馬轎，並且親自拉車。到達宮殿之後，國王立即下令，要守衛把公主從牢獄中釋放。他懷著極大的悔恨和虔信，為他自己和整個王國向蓮師請法。

註一：曼達拉娃

在蓮花生大士五位主要的佛母中，對佛法貢獻最為出眾的是孟加拉薩霍爾皇室的曼達拉娃公主以及西藏卡千族的伊喜措嘉公主這兩位。在遇見蓮師並且領受他的教法後，曼達拉娃被派到各地弘法並行使她的證悟事業。有一次，蓮師派她到西藏的岡仁波齊山（Kailash，岡底斯山）上埋藏一些伏藏教法。她以迅行術很快就到達了那座山岳，但當地的神靈卻用盡神通想要加以阻擋。她因而變身成烏瑪天女（Uma Devi）空行母，並和該山的山神大天（Mahadeva）結合。她為山神賜予祕密灌頂，之後便將伏藏交付而由其守護。

註二：瑜伽士

在印度，如果聽到有瑜伽士年逾百歲，一點都不足為奇。甚至在我所居住的喜馬偕爾邦，就有一位據說年紀一百出頭的瑜伽士，可是他看起來仍然年輕且容光煥發。他每天早上都會出門，想要藉其得福（darshan）的人，可於晨間當他坐在陽光下修法時見到他。有人說，他是用太陽的能量來延壽。我們有一種法門叫做「辟穀術」（藏：chulen），是一種利用大自然元素來滋養身體的方法。可能有些人會認為，如果蓮師是依佛陀授記而在他入滅後數年出生，怎麼可能到了八、九世紀還能到達西藏並且依然活躍？既然心是一切感知的創造者，那麼衰老就是可被征服的。這一點應該不難接受。

殊勝成就：超越生死

曼達拉娃與蓮師往北前行，到達喜馬拉雅山脈。在尼泊爾東部的瑪拉蒂卡岩洞，上師及弟子揭示了無量壽佛的壇城，並修持生死自在的法門。三個月後，無量壽佛親自現身為他們灌頂並且賜予加持，使他們與其無二無別。蓮師與這位印度公主證得了超越生死的「金剛不壞身」。

離開瑪拉蒂卡岩洞後，蓮師帶著曼達拉娃返回故鄉烏迪亞納。在那裡，他傳法給父親因札菩提王，並轉動法輪，將整個王國安立於金剛乘之道上。上師與弟子行旅至許多地方，同時樹立法幢，且將眾人與各個王國置於證悟道上。他們也探訪了幾處屍陀林，教導那些佔據該駭人之處的鬼靈，並任命他們成為護法，也就是佛法的守護者。

瑪拉蒂卡岩洞，位於尼泊爾東部。從階梯往下走就會進入瑪拉蒂卡洞穴。
蓮花生大士曾在此停留三個月，觀修無量壽佛，薩霍爾公主便於此隨侍在側。
師徒兩人都受到無量壽佛所加持。

蓮花生大士能以兼具忿怒而慈悲的方式來調伏眾生之心，並因此聞名。

祈請蓮師：守護金剛座

當蓮師在札蘭達熱（Jalandhara）屍陀林修法時，金剛座（菩提迦耶）發生了一件事而需要求助於蓮師。有四個厲害的外道從四方來到金剛座，身後各帶著五百名信徒。這些外道激進份子發起對佛教的挑戰。他們設定的規則是，輸的那一方應該信奉贏的那一方的宗教。這些都是持守邊見（常見和斷見）的信徒，而此思想與佛教班智達們的中道相違。

蓮師曾於許多地方的不同尸陀林中修持，有時則在尸陀林中值遇上師並領受法教。其上師有男有女。圖為印度敏珠林寺的壁畫，描繪蓮師於狂笑寒林（ha ha grod pa）修持。

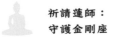
　　金剛座的四位守門班智達以及所有其他的班智達都相當擔憂。他們知道自己在辯論方面可以取勝，但在神通方面，卻不是那些外道的對手。就在這些佛教徒擔心琢磨，想要找出解決方案的時候，在他們面前出現了一位皮膚帶著一點青色的女子。她說道：「你們只要邀請我的兄長來，就能贏過他們。」他們便問她，那位兄長究竟是何人。她回答道：「我的兄長是蓮花生，他正在札蘭達熱屍陀林修行。」班智達們燃起希望，歡喜地彼此相看了一眼。其中一人問道：「但我們要如何邀請他來呢？」這位神秘的女子回答道：「用這個祈請文呼喚他，就能把他吸引過來」

　　吽
　　鄔金淨土西北隅　　　蓮花胚莖之座上
　　殊勝無上成就者　　　世知聖名蓮花生
　　空行眷屬眾圍繞　　　隨尊修持得成就
　　祈請降臨賜加持　　　咕嚕貝瑪悉地吽

　　於是班智達們開始唸誦這段祈請文。

在金剛座遠處的札蘭達熱屍陀林裡，蓮師聽見了他們的祈請。就在破曉之際，他抵達了金剛座。日出時分，佛教徒和外道的激進份子開始辯論。佛教徒勝出後，圍繞著蓮師的五百名班智達為他們在邏輯論證和神通方面的勝利而歡呼。就在他們為此慶祝時，外道大發雷霆，飛入空中。蓮師對著他們比出威嚇的蠍子手印，並且用一根手指轉動一只火輪，向他們拋去。外道連忙四散紛飛，從此消失無蹤，而他們留下的徒眾，全都信奉了佛陀的教法。在佛陀成道之地，法螺之聲遍響十方。班智達為了表示感激之意，便將蓮師封為上座，並對他讚頌不已。

右圖蓮花生大士右手執金剛杵。
金剛杵象徵著無能勝、不可催及
不滅壞的功德。

邀請蓮師

年輕的赤松德贊王敬畏地聽著寂護方丈[1]闡述蓮花生大士的生平故事，興奮地問道：「現在他在哪裡呢？」方丈立刻回答道：「此時此刻，他在尼泊爾南部的阿修羅窟裡。您必須邀請他來西藏[2]！」

藏王隨即親自挑選了五名藏人，準備好要獻給蓮師的金粉，急切地將他們派送到西藏南部。

在揚列雪（藏：Yanglesho）上方的洞穴中，蓮師為尼泊爾公主釋迦天女（梵：Shakyadevi）揭示了吉祥九面真實意嘿嚕嘎的壇城。尼泊爾和印度的當地鬼靈因為蓮師在此山谷停留而感到很大的困擾，便開始鬧事。雨水不再從天而降，乾涸的土地長不出作物，造成人畜的飢荒、疾病和死亡。蓮師知道當地的神祇正在試圖阻礙他成就大手印的修持。為了恢復當地居民的和平與安樂，唯一的辦法就是以忿怒的方式調伏並威懾這些傲慢的鬼神。蓮師派了兩名弟子前往印度，向他先前從學的上師釋迦光請求一種能夠回遮並驅除障難的方便法門。

在阿修羅窟四周的村落中，動物的屍體越堆越高。枯瘦如柴的男女及孩童坐在茅屋下，外凸的眼睛呆滯無神。在此期間，兩位尼泊爾弟子抵達了釋迦光大師的處所。大師從普巴教法的諸多篇章中選出了降伏作障魔怨的儀軌。

此時，於阿修羅窟這邊，一道閃電驀地照亮了蓮師所在的黑暗山洞。大雨滂沱而下，村民開心地唱歌，四處歡聲雷動。乾枯的土地濕潤了，大地再次開始呼吸，吐著濕氣，冒出茂密的綠芽。

在這一陣歡悅之中，尼泊爾的弟子們抵達了阿修羅窟[3]，帶著一批寫在棕櫚葉上的法本。普巴金剛本尊的密咒聲微微地迴盪在空中。他們將法本交給蓮師，說道：「釋迦光大師表示，修持普巴金剛的法門將會有所幫助。」蓮師非常恭敬地收下法本，說道：「這些珍貴的法本才剛進入這片土地的邊界時，就已經平息了障礙。」

所有對當地居民和自身修持的障礙都清除殆盡時，蓮師便於淨相中見到了吉祥真實意嘿嚕嘎和普巴金剛本尊。他就此撰寫並行持了真實意嘿嚕嘎和普巴金剛的合一儀軌，同時成就了大手印的修法。當天，傲慢的地方男女鬼神都此起彼落地前來向蓮師獻上他們的命藏。蓮師以誓言約束他們，並且指派他們作為護法，特別是普巴金剛教法的護法。

正當蓮師還在阿修羅窟時，許多護法皆來拜見並向他懇求道：「藏王的五位使者正在前來見您的路上，但他們已筋疲力盡。大師，請您到邊境去和他們會面吧！」儘管當時在印度有著外道見地襲捲整片國土的危難，但西藏被授記的吉祥時刻已然到來。

　　尼泊爾當地的空行母們得知蓮師打算離開而前往西藏的消息[4]，都來拜見蓮師。她們極為傷心地說道：「我們聽說您要去北方的雪域。求求您別離開啊！」空行母們懇求蓮師不要離去，但他早已下定決心：「這次我非去不可。」

　　早些時候，在邊境的另一方，蓮師這位異國大師即將到來的消息讓西藏的地方神祇們（yul-lhas）感到心煩意亂且暴跳如雷。他們揚言：「沒有任何外來者能夠帶著他的外來思想進入。這是我們的勢力範圍！」

　　那五位西藏使者於西藏高原上歷盡千辛萬苦。他們在漫無邊際的大地上跋涉，與沙塵暴、暴風雪及凜冽的寒風對抗。這座劃破湛藍天際的冰封山脈，似乎在挑釁著這群想要攀登它們的人。當他們勇敢地克服身體與精神上的艱難時，藏地的惡意神祇和鬼靈卻變幻出各種詭計與魔法來使他們感到挫敗。

朝聖者在尼泊爾帕平（Pharping）揚列雪的阿修羅窟向蓮師祈禱。蓮師就是在此觀修普巴金剛以及真實意嘿嚕嘎等忿怒尊。他在淨相中得到這些忿怒尊的加持後，便降伏了當地的惡靈，並且任命他們成為佛陀教法的守護者。

他們花了將近三個月的時間才抵達尼泊爾南部的邊境。他們到達芒域（藏：Mangyul）廣闊的草原後，便四處尋找當地是否有居民的蹤跡。正當他們在討論該如何辨認誰是蓮師時，從遠處就看見一位手持天杖的瑜伽士。他們急忙趨身於前，為首的使者詢問這位瑜伽士：「我們正在尋找蓮花生大士。您認識他嗎？」雖然蓮師知道他們的身分，卻假裝一無所知，還向領隊詢問：「你們是從哪裡來的？」使者回答道：「我們是藏王赤松德贊派來的。」瑜伽士展開笑顏，說道：「三個月前，佛教護法就請我到這裡來跟你們會面。你們怎麼現在才到呢？」

這些特使們慌張地跪拜於蓮師的足前。為首的使者迅速地把他們行李中一袋又一袋的金粉拿出來獻給蓮師。蓮師毫無預警地就把金粉灑向空中。金粉混雜在芒域的沙地中，這些藏人們可嚇壞了。蓮師問道：「看到你們藏王珍貴的金子就這麼浪費掉了，你們覺得心痛嗎？」這些藏人對於如此古怪的舉動啞口無言，不知所措。瑜伽士接著從地上抓起一把土，開始灌入他們衣服裡。他們大吃一驚，完全不知道他下

一步會做什麼。蓮師問道:「你們悲歎的就是這個嗎?」他們看了看口袋,裡面不單單有金粉,還有其他珍寶異石。這位瑜伽士所展現的神蹟,讓他們倒吸了一口氣。蓮師說道:「我不需要金子。對我來說,一切的現象都是黃金。」藏人們對蓮師的信心與信任又更加強烈

博達那大佛塔,位於加德滿都博達區。對金剛乘佛教徒來說,這是加德滿都山谷裡最有名的地標。全年都有來自世界各地的朝聖者到此參訪。這座塔是蓮花生大士、藏王赤松德贊以及那爛陀方丈寂護在他們的過去世中所建造的。

註釋

註一：寂護方丈

在《如意樹》（The Wish-Fulfilling Tree）這本蓮師的成道傳記中，據說寂護其實具有降伏西藏鬼靈和神祇的能力，但因為他知道他們三位聚集在一起對佛法所帶來的重要性，所以才表示需要以蓮師的忿怒智慧來降伏藏地的鬼神，因而力勸藏王邀請蓮師。

註二：西藏

為了要瞭解蓮花生大士與藏人之間的關係，就必須要追溯至他到西藏前的許多生世以前。這個故事之所以重要，也是因為它描述了西藏和印度數世紀以來的關係。這層關係早在釋迦牟尼佛誕生前就形成了，而後來的事件則促成印度人和藏人之間的師徒關係。

在尼泊爾加德滿都寬廣的谷地中，有一個非常明顯的地標，也是所有人來到這裡必會參訪的地方。不管遊客、朝聖者或商人，博達那（Boudhanath）大佛塔都是返家前一定要去的地方。這座塔的由來，與西藏和印度的故事、蓮師和西藏的故事密不可分。

很久很久以前，在加德滿都山谷中，一位貧窮的養雞婦人向國王求取一片土地來建造佛塔。國王准許了她的請求，蓋塔的工程於焉展開。過程中，這位老婦人去世了。她的三個兒子接手了這項工程，並依照母親的願望完成了佛塔。

三個兒子在蓋好的塔前大聲發願：「願我們能讓佛法生根於邊疆的雪域。」大兒子說：「願我生為西藏雪域的護法王，讓佛陀的教法生根。」二兒子說：「當你是護法王時，願我是博學的班智達，能持舉佛陀的教法。」接著，小兒子說：「當你是護法王時，願我是一位擁有神通力的成就者，能保護並捍衛佛陀的教法。」

歷經多世以後，三兄弟轉世為印度的寂護、烏迪亞納的蓮花生大士以及西藏的赤松德贊。雖然他們各自誕生於不同的地方，但他們終將在西藏團聚。
這三位的結合將對佛法與有情眾生帶來極大的利益。在佛教的誕生地，佛法面臨了許多障礙，最終幾乎滅絕。但由於蓮師及時抵達了西藏，佛法因而找到了一處安全的避風港，在西藏不僅得以延續，還興盛了起來。若不是蓮師在西藏雪域的功勞，今天我們或許就沒有金剛乘的教法了。

註三：阿修羅窟

帕平是距離加德滿都大約四十分鐘車程的城鎮。在揚列雪上方的洞穴稱為阿修羅窟，喜馬拉雅的金剛乘佛教徒都會在此點燈祈願。如同蓮花生大士的其他聖地一般，整個喜馬拉雅山脈的朝聖者不斷湧入，每年都有來自西藏、拉達克、喜馬偕爾邦、不丹、錫金等不同區域的人潮。而居住在加德滿都谷地的各個佛教團體以及山上的佛教徒居民們，每年至少會朝拜一次阿修羅窟，以便能與蓮師再次結緣。

註四：前往西藏的消息

蓮師要前往西藏，就好比印度失去了金剛乘的珍寶，而金剛乘在金剛座向來都受到嚴密守護。據說，在他要離去時，印度有一些大師做了不尋常的夢。在其中一個夢裡，太陽和月亮同時在北方升起。另一位大師夢到百花在北方齊放。據說還有人聽到印度的空行母們因蓮師的離去而猛烈似狂地悲傷哀歎。

3 蓮師入西藏

地方神祇的抵抗

在西藏這邊，赤松德贊因得知使者們安全抵達南方的消息而倍感興奮。他殷切期盼著蓮師的到來。但在南方尼泊爾和西藏的邊境，當地的神祇們正在謀畫要製造險難和恐嚇以阻擾蓮師和使者的隊伍。

蓮花生大士像，直接刻在錫金西部札西頂寺院一座小廟堂裡的石牆上。下方有印度公主曼達拉娃和西藏公主伊喜措嘉。蓮師廣受錫金佛教徒的尊崇。

一行人抵達了芒域上端的山關。那裡的地方神祇[1]試圖製造障礙，她將自己變成兩座山，想把蓮師與藏人們碾碎。但這位瑜伽士的動作迅如閃電，瞬間拿起了天杖擊打那座山。地方神祇大聲尖叫，頭先著地，睜大的眼睛則露出驚惶之情。她請求蓮師的原諒，並發誓要用生命來保護佛法。蓮師接受了她的投降，並繼續他們未竟的旅程。

接著，他們向下來到一片看似美好無比的平原，那裡有著一望無際的荒蕪景色。一陣轟耳的雷聲使藏人們瞬間停下腳步，他們在廣闊的平地上無處可藏，只好蹲下用手掩住自己的頭。蓮師在他們的前方不遠處，於空中舉起了一面鏡子。又來了一道閃電，但他動作相當快速，用鏡子映射到閃電的光。閃電一碰到鏡子就喪失了所有的威力，整片平原瞬間寂靜了幾許剎那。突然，一位女子憑空化現，奔向附近的一座湖邊。蓮師命令她停下，但她急忙潛入湖中消失了。

蓮師持著蠍子手印，將湖水觀想為一團火焰。幾秒之內，湖水開始沸騰，尖銳的叫聲響遍了空曠的平原。女子從湖中現身，全身被燙傷，皮膚從骨頭上脫落了下來。她身體扭曲，痛苦哀嚎。藏人們在一旁驚恐地看著；女子從湖中爬出，試圖逃脫。但蓮師的忿怒，卻是迅雷不及掩耳。

他把金剛杵用力一擲，擊中了她的右眼。女子倒下，從眼中噴出了鮮血。這位地方神祇大叫道：「我再也不會傷害任何人了！求求您饒了我！」一塊又一塊的皮膚從她身上掉落下來，寒風刺痛著她沒有皮膚作為遮蔽的肉體，痛得使她扭曲不已，瞬間失去了知覺，然後又甦醒了過來。蓮師嚴厲地斥問道：「妳對我是真心承諾嗎？」地方神祇點頭說：「我們雖然是惡毒的鬼靈，但只要我們發下忠誠的誓言，我們是不會動搖的！我接受佛法！」蓮師為她加持，並說道：「從今天起，妳就是護法了。妳將保護佛陀的教法及其追隨者。」

　　踏入西藏後，他們看到一頭體大如山的白犛牛擋在他們面前。巨獸的鼻孔大張，用力喘氣，還發出吼叫。牠怒眼直視著這群人，用牛角迅速又猛烈地刺向空中。藏人們嚇得躲在蓮師身後求取庇護。犛牛擺出了威猛的姿勢後向他們衝去，但是蓮師揮舞著鐵鉤手印而攪住犛牛的鼻子。接著，他用繩索手印綁住犛牛的身體，用鐵鏈手印鎖住了四腿，接著用金剛鈴手印擊打牠。犛牛頓時發出了小男孩的求饒聲。蓮師不再擊打這隻動物，而從蓮師手中急忙逃脫的竟是一名小男孩。藏人們非常吃驚，而他們對瑜伽士的信心又更加堅定了。他們很歡喜，因為看來藏王所邀請的這位異國大師，肯定能夠幫助西藏。

初見藏王

在昂埔（Onphuk）的紅岩山腳下，有一片檉柳樹林。此時站在檉柳清涼的樹蔭下，二十一歲的赤松德贊和隨從，熱切地望向地平線。在遠方，空氣中瀰漫著沙土。逐漸地，沙塵向他們靠近，同時伴隨著越來越震耳的馬蹄聲和腳步聲。滿心盼望等待蓮師到來的藏王，感到一陣緊張興奮。

國王試圖在塵沙的帷幕中打量這名外國人。隨著揚塵落定，蓮師的面容也出現了，他就站在自己的馬匹身旁。赤松德贊趨前迎接偉大的蓮師，但由於他身為西藏的君王，赤松德贊認為客人應該向他鞠躬。蓮師透過神通力知曉國王的虛榮心，他並未向國王鞠躬，而是說道：「聽著，藏王！身為佛陀教法的持有者，你這位國王理當謙卑地向我鞠躬，但是看來你已經被自己那一大片的領土沖昏頭了。」藏王的隨從們對於這名外國人的放肆不敬感到吃驚。蓮師繼續說道：「我不會向藏王頂禮的，但我向你身上所穿的衣服致敬。」說著說著，他舉起一隻手作出禮敬的手勢。突然間，國王的外衣著火了。這讓藏王頓時醒悟。他對蓮師來到西藏滿懷感激，立刻跪拜在蓮師足下。

蓮花生大士留下的足印。在西藏、印度、尼泊爾、不丹以及錫金，都有蓮師身體的印跡。許多都被奉為該廟堂、寺院或私人收藏的聖物。

降伏人與非人

蓮師從黑坡利（藏：Hepori）山頂，飛上天空。他俯視著下方的山谷，尚能看見桑耶寺未完成和被毀壞的地基輪廓。他在半空中跳起了忿怒的降伏之舞，右手拿著金剛杵，說道：「聽著！我是沒有母胎所染的蓮花生者！我已體悟諸般妄念皆為心的道理，所以凶神惡鬼的威脅嚇不著我。心的本質，是超越概念的空性，因此神祇和鬼靈都不存在。你們在我面前所展現的這齣魔幻之戲，絲毫激怒不了我！」他開始進行水食子的儀式，並透過禪定力而將之強化。他告訴那些地方神祇，要他們接受食子供養，並同意藏人使用這片土地，以作回報。接著，食子被拋入空中。

眾多的地方神祇聚集而來，充滿了整個山谷。他們都被蓮師的強力示現所吸引而難以抗拒。蓮師繼續說道：「神鬼們，成全赤松德贊的願望！」他在空中跳著忿怒的降伏金剛舞，口中同時兇猛地念著：「吽！吽！吽！」蓮師將那些地方神祇都置於誓言下，並且給予號令。隨著太陽下山，大地微微地震動，泥土和石頭從四周的山上滾入下方的山谷中。蓮師看著山脈，以非常威嚴的聲音下了最後的指示：「不許違反我的命令！」

人與非人同心協力,而那些非人在夜間的建造速度,勝過人們在白天的程度。缺少建材時,龍族便帶著他們豐盈的寶藏出現,提供赤松德贊無止盡的財富與建材。這麼一來,寺廟的建設就能迅速進行。

對於藏王來說,這是極為歡喜的時刻。然而,宮廷中的外道大臣們卻非常不悅。他們私下對於年輕藏王邀請有著外來信仰的異國人來到他們已有本土信仰的土地上,感到失望。在皇宮裡,甚至有傳言說蓮師是印度國王派來西藏的間諜,最終是為了佔領西藏和霸佔西藏的黃金資源。這些大臣們很有勢力,不希望失去他們對於君王的影響力。他們擔心這座寺廟的建設,會讓他們的藏王對於征服他國、擴張領土不再感興趣,而西藏帝國主義的願景也會隨之終結。

身為赤松德贊的王妃,卡千家族的公主伊喜措嘉來到了桑耶寺。她因為對佛法的嚮往和信心而離家出走,留下她氣憤填膺的父親,以及為了搶她而激動到快要彼此宣戰的求婚者。這已成為卡千家族族長的一大困擾。最終,他決定把伊喜措嘉供養給這片土地的帝王,以避免更多的衝突。在桑耶寺,藏王邀請蓮師到他的宮殿,並且將他領土的一大部分和這位嚮往修道的妃子伊喜措嘉獻給蓮師,以表示最崇高的虔敬和不貪執。至於妃子,則滿懷欣喜地跟隨著印度瑜伽士離去。

這個時候，有些大臣直言不諱地說出他們對於這位印度瑜伽士的反感。他們相互議論著：「土地已經開光了，桑耶寺也建好了。蓮師為什麼還待在西藏呢？」他們向藏王提出這個疑問，甚至還直接去見蓮師，懇求他讓西藏和藏民自己管理自家的事。為了安撫眾人，蓮師在唯獨赤松德贊知情的狀況下，假意決定要返回印度，而由寂護來監管寺廟的建設。

　　外道大臣們聽說蓮師即將要離開西藏後非常開心。赤松德贊在大臣們面前向蓮師道別，並且供養他金子。蓮師拒絕不收，只拿了一把，還說要為藏王供養給佛陀在印度的金剛座。藏王指派了兩位佛教大臣作為蓮師的侍從。

　　當一行人走向尼泊爾邊境時，蓮師依神通而得知路上有刺客埋伏。激進的大臣派他們來刺殺蓮師，以確保他永遠不會再回到西藏。當刺客攻擊這群隊伍時，蓮師舉起了一隻手指，以降伏印令他們動彈不得。

　　到了貢塘（Gunthang）隘口後，蓮師告訴那兩位佛教大臣，從這裡開始，他將獨自進行旅程。他給了他們一把芥子，吩咐他們撒在那些被「定住」的刺客身上。接著，蓮師就飛入空中消失了。佛教大臣們隨後抵達了刺客動彈不得的地方，按照指示把芥子撒在他們身上，他們便恢復了活力。隨後，蓮師離開的消息傳遍了西藏。

伊喜措嘉：蓮師的心子

盡管在大家眼中，蓮師似乎離開了西藏，但其實他大部分時間仍然和伊喜措嘉在境內。他為她傳授佛法的基礎，並且讓她逐步了解修持本身在生命中的重要性。伊喜措嘉在她的自傳裡寫道，佛陀所有的教法，在珍寶上師蓮花生大士的身上盡皆具足。她接著說，蓮師將他所持有的一切，如同把水從一只水瓶倒入另一只水瓶那般，全都交給了她。

載錄蓮師給予伊喜措嘉之教誡的《蓮師心要建言》中，上師告訴弟子：

「措嘉[2]，要趁著青春年少，努力投入修行，這點至關重要。如果等到垂垂老矣才想要聽聞佛法，耳朵卻聽不到了；想要研讀學習，注意力卻遲鈍了，記憶力也退失了；妳也許想要修持，但四大的能量已經衰退，且無法保持專心；妳或許樂意承受修行的艱困，但體格卻已無法承受壓力；那時你會這麼希望：『年輕時若有這樣的意願該有多好！』但這麼希望也沒有用了。能夠投入修行的時候卻不去做，屆時後悔將為時已晚。」

有人開始散播惡意的謠言，說蓮師不僅還在西藏，還與藏王的妃子在一起，而且是國王自己把妃子獻給這位外國人的！那些外道大臣們抓住機會製造更多的障礙。他們在盛怒之下，向赤松德贊抱怨道：「陛下，請給我們明智的引導。除了我們的地方神祇外，還有誰會保護西藏呢？！」

大臣達拉・盧供（藏：Tara Lugong）發話說：「陛下偷偷窩藏著一位黑術士，而且對這位黑術士的每句話都言聽計從。這位術士將會毀了西藏！陛下，您這樣是在毀滅我們的王國律法！國王要管理國家，就需要大臣。如果陛下認為不需要我們的話，那我們就卸下職位。」

蓮師為利益後代有情眾生而埋了無數伏藏。圖為蓮師在尼泊爾的阿修羅（Asura）和揚列雪（Yangleshod）兩個洞窟埋下伏藏。印度敏珠林寺壁畫。

赤松德贊因大臣們對佛法和蓮師的態度而感到甚為失望。大臣們再次請求要知道王妃究竟身在何處。被激怒的赤松德贊否認自己有任何消息。大臣們深深鞠了躬，向藏王告退。

　　在自己的居所當中，藏王回想他那些激動發怒的大臣們所說的話。他納悶自己該如何善巧地回應這件涉及他和國土所面臨的問題。他為此事諮詢了一位名叫格（Goe）的宮廷長者。年長的格奉勸國王要與大臣們和諧共處，畢竟這樣總比讓西藏分裂而不團結來得好。

　　這期間，在叟托（Zhoto）山的帝卓（Tidro）洞穴中，蓮師向伊喜措嘉揭示了密乘最深奧的教法之一，也就是《空行心髓》（The Heart Essence of Dakinis）的壇城。

　　這是一部深奧的大圓滿教法總集。他們走遍西藏和喜馬拉雅，將洞穴、岩壁和湖畔開光為以後佛法修行者的閉關之地。蓮師自己就在這些地方閉關，透過封藏一些留給後世的伏藏，為這些地方加持並做上標記。伊喜措嘉則在一旁盡心承事。

蓮花生大士的兩側有西藏公主伊喜措嘉（其左）以及印度公主曼達拉娃（其右）。他坐在湖中一朵巨大的蓮花上。他的兩位女弟子也坐在蓮花上。在蓮師上方的天空中則有身色為紅的阿彌陀佛。

珍貴桑耶

大眾有所不知的是，赤松德贊與一些蓮師親近的弟子們當時都聚集在大師的閉關所領受教法。同時，在桑耶寺下方的平原上，蓮師仍在西藏的消息很快就透過口耳相傳而人人皆知了。大臣[3]們難以置信地搖著頭，嘴邊的法令紋也越抿越深。

當消息傳到藏王耳邊時，赤松德贊假裝真的很驚訝。他宣布說，如果大師真的還在西藏，就應該邀請他來為竣工的寺廟開光。外道大臣們認為這位印度瑜伽士肯定不敢再出現。可是，他們錯了。藏王發出邀請後，蓮師果然在開光的那天來到了桑耶寺。

在孔雀翎傘的遮蔭下，蓮師這位傳教士、寂護方丈以及赤松德贊王一同繞行著寺廟。突然，一陣訶子雨從天而降。藏王的侍者興奮地大叫道：「陛下，是訶子！這一定是瑞相！」隨後又出現了兩陣訶子雨，落在聚集於桑耶寺前的民眾身上。藏王甚是欣喜。在桑耶的庭園中，四扇大門的四條黃銅獵犬躍向四方並吠叫了三聲。牠們一叫，寺廟四周的竹子便立即冒出了新芽。

在桑耶寺的菩提殿中，大日如來（毗盧遮那佛）的雕像懸空而坐。接著，主殿中所有的聖尊都同時出現在庭園中迎接蓮師、方丈以及藏王。赤松德贊開始擔心：「現在該如何把祂們放回去呢？」蓮師曉得藏王的心思，便將手指一彈，所有聖尊都回到了主殿中（各自的座位上）。桑耶上方的天空，充滿了許多清晰顯現的男女佛尊。天神和天女們撒著花瓣，寺廟四周飄著一陣薰香的芬芳。有些天人們唱著最悅耳的曲調，有些則彈著樂器。當拿著八吉祥的天神和天女們出現的時候，螺號聲也隨之輕柔響著。地面上，聚集在桑耶寺裡外的男男女女們，都因這些神妙的事蹟而隨喜不已。

桑耶⁴的整體建築群是由許多廟堂和修院所組成的壇城，其佈局乃按照古老的佛教宇宙觀。中間最大的廟堂是須彌山的形狀，兩側的廟堂猶如圍繞著這座神山的日月一般。外圍的四個廟堂分別代表了四大洲，其他八個廟堂則象徵著八小洲。此外，在整體建築群裡還有很多的小修院。來自尼泊爾的尼瓦爾族工匠和中國及西藏的工匠們並肩合作，形成了獨一無二的建築風格。三層樓的主殿是按照印度、中國和西藏的風格所設計的。圍繞著整體建築群的則是一面巨大的圍牆，上面嵌飾了幾座象徵佛陀證悟密意的莊嚴佛塔。

西藏桑耶。桑耶寺及其廟群。桑耶寺建於西元八世紀，是西藏的第一座佛教寺院。這是佛教，尤其金剛乘佛教，於西藏弘揚且傳播到全世界的發源地。

翻譯佛典‧轉大法輪

桑耶開光後，蓮師和寂護彼此商討，表示希望返回各自的家鄉。由於藏王在這項崇高的計畫上並未得到所有朝臣的支持，他們認為藏人尚未準備好接受佛法。既然藏王建造寺廟的願望已然達成，兩位大師覺得該是和藏王討論他們離程的時候了。

赤松德贊聽到這個噩耗甚為震驚。他滿是悲傷地懇求他們：「兩位因過去的誓言之力而來到此地。儘管您們於西藏已是恩重如山，但請兩位回心轉意。不要現在離我而去！」說著說著，極度心碎的赤松德贊流下了眼淚。他悲嘆道：「即使讓兩位感到失望，但仍請將您們慈悲的鐵鉤牢牢地鉤住我們。佛陀的化身來到這片黑暗的土地上，唯一的目的就是為了利益所有眾生。」看到國王如此悲泣的難過景象，兩位異國大師便改變了心意。

為了讓西藏能夠自力更生，並且為了讓佛法能夠在此興盛，他們建議國王培育年輕的藏族男孩成為譯師。因此，一些聰慧的男孩們被帶到了藏王與兩位大師面前。寂護要求孩子們覆誦他所說的印度語，但測試之後發現孩子們的發音與

他相差甚遠！國王相當沮喪，但蓮師請他放心，因為佛陀的三大弟子阿難、目犍連以及舍利弗已投生於西藏。他接著說，他們不僅會成為第一批譯師，隨後還會教育出更多的譯師。蓮師用慧眼找到出生在三個不同家庭的三個男孩。赤松德贊親自邀請男孩們到桑耶寺開始受訓。這些男孩在學習印度語言的方面絲毫無礙。這些最早的譯師有卡瓦‧帕色（藏：Kawa Paltsek）、秋卓‧盧宜‧嘉辰（藏：Chokro Lui Gyaltsen），蔣‧伊喜‧德（藏：Jang Yeshe De）以及學識淵博的毗盧遮那（Vairocana）。

桑耶寺在成立由第一批七位藏僧組成的僧團[5]後，便開始轉動法輪。寺院的僧團傳統，對於佛法修持與教學的興盛極為重要。在家眾也開始與出家眾一同修行佛法。在桑耶大門內的許多不同廟堂及修院中，都備有僧眾及男女修行者的寮房。國法也依據佛法進行修訂。在整個藏地，人們以十善道作為日常生活的準則。在赤松德贊的資助下，出家僧眾以及在家居士都得到護持。藏王同時也鼓勵每一個家庭都以施主的身分支持佛法。這麼一來，護法王赤松德贊在西藏建立了以佛法治國的理念，同時也開創並普及了功德主的護持制度。

聰慧的藏人們就學於譯者的培訓課程。在學習語言的同時，他們也被鼓勵要學習並實修金剛乘的教法。為此，他們

前往印度與印度次大陸的各個地區，向博學成就的大師們學習。除了在印度必須忍受藏人們從未經歷過的炎熱，他們在旅途中也歷盡各種艱辛。有一群以南開·寧波（藏：Namkhai Nyingpo）為首的西藏譯者們，前往現今阿薩姆的迦摩婁波（Kamarupa）王國，從學於蓮師的老師吽噶啦大師。西藏譯師毗盧遮那[6]和友人則到印度，向蓮師另一位老師師利星哈大師學習。

在印度，佛教正處於巔峰時期，吸引了社會高低階層的人們。由於佛陀的教法除去了種姓與性別的隔閡，人們之間因而掀起了一場社會革命。尋求個人內在智慧以及審視內在的起心動念，變得比向外尋找答案更為重要。這是印度此聖者之域的高度啟蒙時代，印度也因身為那爛陀寺和佛陀的故鄉而享譽盛名。同時，人們心胸不再狹隘，金剛乘的秘密道路也登上了巔峰。許多大成就者都持有了悟心性及解開此心奧妙的甚深秘密之法。在蓮師到達西藏的那段時間，正是這些偉大的大師、學者以及成就者們穿越印度次大陸而來往於各處之間的時期。

在教導藏人時，蓮師引用了許多經與續的內容。由於認為有必要將這些經續完整翻譯出來，因此相關文本皆毫無遺漏地全數帶入了西藏。在赤松德贊的邀請之下，印度班智達們開始

進入西藏協助翻譯經文以及宣說佛法。第一位來到西藏的，是來自西印度的無垢友尊者，接著許多來自印度次大陸不同地區的班智達也隨之到達，共計約一百位學者。同樣的，一百名西藏的譯者也被送往印度進修。此時，許多印度人和藏人都經由喜馬拉雅的高山隘口而行旅，可說是來往頻繁。

為了進行翻譯工作，桑耶寺的一部分便交由印度班智達與西藏譯師使用。蓮師和寂護也參與了密續的藏文翻譯工作。首先翻譯為藏文的是《甘珠爾》（Kangyur，佛語部，又稱正藏），也就是能溯源至釋迦牟尼佛親口言教的梵文經典；次為《丹珠爾》（Tengyur，又稱副藏、雜藏等），也就是解釋《甘珠爾》的論著。隨著越來越多西藏譯師從印度學成歸來，經、續、論的翻譯也跟著迅速進行。

從印度回來的那些譯師隨身還帶回更多要在西藏翻譯的文本。班智達與譯師們同心協力進行佛法的翻譯，所翻譯的語言包括印度語系、烏迪亞納語、薩霍爾語、喀什米爾語、僧伽羅語、尼泊爾語以及漢語。

隨著翻譯工作的圓滿達成[7]，赤松德贊獻上了各種餽贈、禮拜及繞行來供養蓮師、寂護與無垢友等譯師和班智達們。藉此，藏王向這些佛法持有者表達感激之情，並展現他對佛

法在這片土地上的護持。

　　在桑耶翻譯的《秘密藏續》，是一部體現所有摩訶瑜伽續的卓越密續。偉大的印度大師們，如佛密（Buddhaguhya）、遊戲金剛（Vilasavajra / Lilavajra / Lalitavajra）、日光獅子（Suryaprabhasingha）及蓮師都研讀了這部續的根本頌，並撰寫著作以闡明其內涵。這些都屬於大師相傳至今而毫無間斷的「口耳傳承」（oral lineage）之法。

　　蓮師的其他著作則屬於「伏藏」傳承，也就是蓮師透過伏藏教法所直接傳授之法。其形式相當多樣，包括有發願文、祈請文、建言、儀軌、口訣教誡、授記等等。這類的著作有數千部。蓮師的這些著作，現在已翻譯成許多不同語言，以便傳揚給如今分布在全世界的金剛乘佛教徒。

迦膩色伽塔（Kanisha Stupa），位於拉達克的臧斯卡（Zanskar），由貴霜帝國迦膩色伽王建造而得名。該塔地處蓮師八大尸陀林中的歡喜寒林（Dechen Dalwa charnel ground）。蓮師八變之一的日光上師（Guru Nima Ozer）過去常坐在此塔旁，為該尸陀林中聚集的勇父空行傳法。

征服西藏大臣

蓮師在為松贊干布先前所造的寺廟開光後，回到了桑耶寺。在桑耶的烏策（Utse，「首頂」之意）主殿中，蓮師向印度班智達、西藏譯師和心子們宣說佛法。瑪健（藏：Margyen）皇后和達拉‧盧供、嘉擦‧拉囊（藏：Gyatsa Lhanang）等大臣非常氣憤。他們對於蓮師的怨恨轉變成了熊熊怒火。

　　他們向赤松德贊王表達心中的悲痛：「陛下，我們滿心感傷，因為現在簡直就是在胡作非為了。您把國庫的財富都塗抹在桑耶和其他地方的泥塑雕像上。國王如果沒有財富的話，該如何執政呢？沒有財富的國王就是一介平民！」他們臉色陰沈，繼續說道：「您向一位來自邊疆的貪婪異鄉人供養您的愛戴和熱忱，但他在浪費您的生命！以佛法的名義，立了各種奇怪的規矩，藏人們的自由都被剝奪了。連大臣們都不被看在眼裡，我們也毫無權力；對我們充耳不聞。這樣下去，當敵人從外境來襲時，我們該如何是好？難道佛法能夠戰勝敵人嗎？」達拉‧盧供接著說：「陛下，如果所有人都出家的話，帝國該如何擴張呢？請陛下思考一下，就會知道執政者和大臣們團結是多麼重要的事。我們應該把蓮師驅逐出境！」

赤松德贊靜靜地聽著他們的話語。接著，瑪健皇后說道：
「陛下，請謹慎考慮。大臣們說的是對的。這位外來的瑜伽
士搶走了您的卡千公主，而且有可能會掠奪您的王國。這位
邊疆來的異鄉人，可能在我們之間造成隔閡。您怎麼能信任
他呢？國王如果沒有大臣，要如何執政呢？您應該留意自身
的性命安危。驅逐蓮師，讓國王與大臣們和諧共處吧！」

　　身為君王，赤松德贊必須善巧行事，所以他告訴大臣們
三天內會給他們一個交代。雖然他認同國王若無大臣會很難
執政的道理，但這些大臣對佛法的態度著實讓他失望。情緒
低落的他，獨自在自己的寢居中沉思許久。後來他想到，既
然蓮師人在桑耶，前往求見並直接請教蓮師，或許會是個明
智的做法。於是，他去拜訪蓮師，把一切都告訴他。

　　蓮師回答藏王：「陛下，智慧與無明是並存的。即使在
過去，每當有佛出世，魔也會同時出現。即使在您這個時代
亦然，這也就是為何這些大臣們其實是魔所偽裝的。智慧如
同寬廣的天空，無明好比烏雲。烏雲阻礙不了天空，同樣的，
魔也傷害不了佛的智慧。至關緊要的是，執政者的心必須堅
定不移，而您已經展現了這一點。這是吉祥的徵兆。」蓮師
這番鼓舞的話語，令赤松德贊感到歡喜。

左圖：蓮花生大士坐在一朵從湖中生出的巨大彩色蓮花上。他的兩側是女弟
子伊喜措嘉（西藏公主）以及曼達拉娃（印度公主）。下方是身穿紅色袈裟
的那爛陀方丈寂護大師，以及穿著白色披肩的藏王赤松德贊。

蓮師繼續說道：「您應該告訴大臣們，三天後，蓮師將邀請譯師與班智達，為他們在桑耶舉辦慶典。如果他們想要把我們趕盡殺絕的話，這可是個大好良機。但如果他們當天無法殺害我們的話，您應該告訴他們，驅趕我的事情，就別在您面前再度提起了。」如此策畫之後，赤松德贊便向蓮師告辭而去。

　　國王召喚了大臣，並且一五一十地照著蓮師的意思說明。大臣們興高采烈地欣然接受了這項密謀，精神也隨之而振。

　　在一個明亮的清晨，班智達和譯師們聚集在桑耶的瑟康林殿（Serkhang Ling）。同時，在寺廟的大門外，也聚集了一群刺客。在他們持械闖入殿堂的時候，等著他們的卻是完全出乎意料的場景。說時遲，那時快，班智達和譯師們立刻將自己變身成觀音像。

　　刺客們張口結舌，驚嚇地盯著那些動也不動的雕像。那天下午，他們派來更多的刺客，而這次所有的班智達和譯師們則變身成閃閃發光的寶石。這些被大臣們派來的人抵擋不了寶石光輝的誘惑，腦海中的殺念也隨之逃逸無蹤。

到了傍晚，大臣們氣壞了，親自率領刺客和士兵出征。他們衝入殿堂，高聲吶喊：「殺！殺！全都殺了！」剎那間，蓮師從寶座中起身，念道：「吽！吽！吽！」同時搖身一變，成為一位身色深藍的忿怒尊。他四周的虛空佈滿了人類及怒神所組成的軍隊，這群神變幻化的人神戰隊不斷發出怒吼，把大臣和他們的爪牙驅趕得奔逃四散。不到幾個剎那，他們已在桑耶的圍牆外奄奄一息地顫抖著。

翌日一早，赤松德贊看到大臣和他們所派的人在桑耶牆外倒臥一地。他們不醒人事，妻子則在一旁哭紅了雙眼，不忍離去。赤松德贊心喜之下，連忙奔向蓮師，描述他所看到的景象。蓮師抓起一把泥土交給藏王，充滿同情地說道：「我們應該憐憫他們。把這些撒在他們身上，否則他們會死的[8]。」當泥土撒在他們身上後，這些處在休眠狀態的人一臉茫然地醒來，搖搖晃晃地走回各自的家中。

實修弟子的成就

有一天，赤松德贊在禪修時了悟到，他所領受的那些教法若不付諸實修，將一無是處。他知道自己必須請求密咒教法的指導，此乃至關緊要。

有了這個念頭，他便決定上山到青埔⁹（藏：Chimphu）去拜訪蓮師。

青埔座落於高山上，眺望著桑耶山谷，是蓮師的閉關所。國王與蓮師的其他六位弟子抵達了青埔。他們供養黃金壇城，懇求大師：「請您賜給我們可以即身證悟的密乘成就法。」蓮師欣喜地應允並開啟《善逝總集》的壇城，這是一套屬於摩訶瑜伽密續的重要教法。印度八大持明者把這套教法傳授給蓮師，現在換成由蓮師將其交付給這八位具有福報的藏人。伊喜措嘉等八位弟子於獲得灌頂後，隨即開始閉關修練各自領受的本尊法。

這八位弟子個個都展現出瑞兆，代表他們的閉關將會有所成就。赤松德贊能自在影響他人的感知，僧侶南開・寧波能在太陽光上行走，瑜伽士多傑・敦珠（藏：Dorje Dudjom）能像風一般毫無阻礙地飛奔，譯師毗盧遮那能降伏並約束傲慢鬼靈以成辦各種事業，伊喜措嘉能令他人起死回生，桑傑・

伊喜（藏：Sangye Yeshe）能以金剛杵刺穿石頭，嘉瓦‧秋楊（藏：Gyalwa Choyang）能發出吉祥馬頭明王的馬鳴聲，巴吉‧旺秋（藏：Palgyi Wangchuk）則獲得對普巴金剛本尊的勝解信。

　　同樣的，蓮師在許多其他山上的閉關所，包括札葉巴（Drak Yerpa）、曲沃瑞（Chuwori），札楊宗（Drak Yangdzong）、雅隆些扎（Yarlung Sheldrak）、雅瑪隆（Yamalung）以及叟托帝卓等地，也給予弟子指導和教法，賜予他們能夠引領達至成熟和解脫的灌頂。這些主要的弟子們都來自不同的背景；有些具皇室血統，有些是出家僧侶，有些是女子，有些則為瑜伽士或在家居士。

　　當時有許多成就者都來自這些閉關所。在此略舉幾個例子，包括：伊喜‧雄努能從乾燥岩塊中取出甘露，伊喜‧德能像鳥一樣在天空飛翔，巴吉‧僧給（Pelgi Senge）能逆轉河流的方向，烏偵‧巴吉‧旺楚（藏：Odren Pelgi Wangchuk）能如魚兒一般在水中行動，瑪‧仁欽‧秋能將巨石磨碎後當作食物消化。女弟子中，除了曼達拉娃和伊喜措嘉之外，還有能在水上行走的雪噶‧多傑‧措（藏：Shekar Dorje Tso），能將衣服掛在陽光上的梅宮雜‧仁欽‧措（Melgongza Rinchen Tso），能將身體化為火和水的的秋若雜‧蔣秋‧門（Chokroza Jangchub Men），能從天空中取出食物或水的偵雜‧拉姆（Zemza Lhamo），以及能將石頭當作食物取用的蓉門雜‧慈誠‧準（Rongmenza Tsultrim Dron）。

在圓寂時，他們有些能化為光體，有些則展現虹光身，
或其他修道成熟所顯現的神妙徵兆。透過各類難以數清的方
式，這些西藏的大成就者們，也就是蓮師具有高深證量的男
女徒眾，個個展現了自己在修持上的各種成就徵兆。在蓮師
的引導下，山間閉關傳承和桑耶僧院體系便開始在西藏這片
土地上逐漸盛行。

西藏第一座寺院桑耶寺。赤松德真王想要建造該寺的心願，直到蓮花生大士和那爛陀住持寂護大師
入藏才得以實現。圖為桑耶寺的建造。藏王戴著白色頭巾，引領兩位大師巡視，空中則有天人歡喜
獻供。印度敏珠林寺壁畫。

蓮師的伏藏傳承

赤松德贊去世前，蓮師預言藏王的某個孫子將會透過許多方式毀滅佛法。藏王聽到後悲痛欲絕，但是蓮師即刻安撫他，表示會將教法以伏藏的方式封藏起來，在後世由他二十五位大弟子——包括藏王本身和他的兒子們——的化身取出。赤松德贊這才鬆了一口氣，而未對佛法失去希望。

在伊喜措嘉的協助下，蓮師用了極為多樣的方式將教法封藏起來。封藏的同時，他一方面發下弘願，一方面也授記了教法的取藏者。蓮師將這些伏藏教法傳授給心子伊喜措嘉，再由她以空行象徵文字等不同形式紀錄下來。在將這些教法埋藏於岩石、洞穴、岩壁、湖水及虛空裡的同時，蓮師還指派了護法來做「德達」[10]（藏：terdak），也就是伏藏的守護者，直到被授記的取藏師在吉祥的時刻到來。這就是伏藏傳統在西藏的源起。

伏藏師找到伏藏之後，首先藉由自己的修持來讓教法問
世，然後待時機成熟再以適當的形式公開傳授。首先從伏藏
師自己的心子開始，再慢慢地擴大弘揚。蓮師親自於其他許
多的成道傳記裡列出了伏藏師的名字。擁有伏藏師名號的大
師們（也就是能取出受封藏教法的人）都是蓮師的主要弟子，
也就是直接從蓮師那裡領受伏藏傳承的人。他們在幾百年後
再次轉世。而這由蓮師和伊喜措嘉[11] 所傳授而封藏的神聖教
法，在伏藏師的傳承中延續至今。

赤松德贊在六十九歲時去世。蓮師和寂護讓赤松德贊的
次子在一場盛大的儀式中隆重登基。他們建議新任藏王穆尼
贊普要像父王一樣以佛法治國。當新任國王留在紅岩宮殿時，
寂護方丈回到他在桑耶的私人住所，蓮師則回到在青埔的閉
關處。

過些時日，寂護在桑耶菩提寺入滅的消息傳到了蓮師耳
中。蓮師即刻趕往桑耶，並與年輕的國王一起用最好的絲綢
裹住寂護的身體，開始準備禮敬儀式。

回到青埔的閉關所後，蓮師於禪修中見到一則淨相，那是佛陀在《摩揭陀國授記經》裡早已提及的預言。在淨相[12]裡，蓮師看到西南部遮末羅島（貓牛洲）上的羅剎，或說是野蠻食人族，正準備要入侵印度、西藏、尼泊爾等我們所在世界此南贍部洲的周邊土地。這些妖魔身著可怕的人皮人骨衣飾，揮舞著致命的武器，尖聲喊叫，準備要從他們的島嶼一湧而出。

　　在見到遮末羅島羅剎的動靜之後，蓮師到桑耶拜訪年輕的國王，告訴他自己必須離開西藏。國王和心子們都懇求蓮師不要離開，但蓮師告訴他們，他以色身利益西藏的時日已盡，他必須儘早離開，這是至關緊要的。藏王、伊喜措嘉、心子們以及西藏的群眾滿心悲傷地從桑耶一路護送蓮師。他們的隊伍向西藏南方的芒域前進。

告別西藏

到了芒域的貢塘隘口，便是藏人們要向蓮師道別的時刻了。蓮師一邊說著，年輕的國王一邊仔細地聆聽。「遮末羅的野蠻食人族即將要從他們的島嶼入侵南贍部洲，並從印度、尼泊爾、西藏以及鄰國開始，逐漸導致整個人類的滅亡。我以色身利益西藏的時日已盡。除了我，沒有任何人能夠做這件事，所以我必須前往羅剎國。」年輕的國王穆尼贊普深受打擊。蓮師若真如此離去，他覺得西藏前途茫茫。他向蓮師表達他的悲傷：「赤松德贊已然過世。來自烏迪亞納的上師則將前往聖地。穆尼贊普被遺棄在西藏。藏人們的安樂就此結束。我現在還能信任誰呢？」年輕的國王放聲吶喊，昏厥倒地。蓮師立即將他喚醒，把國王的頭擁入懷中。蓮師心中充滿了對年輕國王的深切悲憫，向他保證而說道：「我實際上是超越這些概念的。對那些具信者來說，我從未離去。我仍然會在藏族人民需要時出現。

對那些具信者來說，我將會真實顯現並給予教導。我的悲心既迅速且極為有力。這位天子，西藏的君王，切莫悲傷！」

蓮花生大士的鞋印。

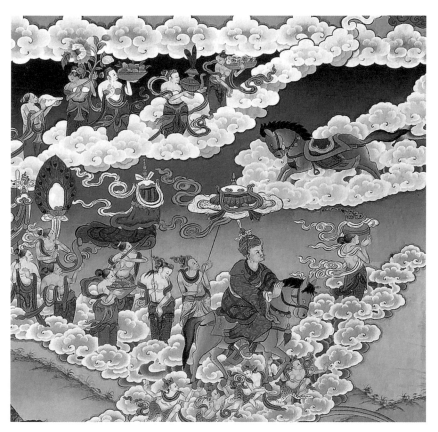

勇父與空行皆來迎接蓮師前往遮末羅洲（Chamara）。當蓮師跨上座騎聖馬時，回頭看著藏人並說：「若欲追隨吾，當修持佛法。」印度敏珠林寺壁畫。

伊喜措嘉心情沈重，垂頭哀嘆道：「我們心中的太陽落下了。您若前去遮末羅，我們便無所依靠、失去指引。您走了之後，我們該如何是好？會變成什麼樣子？我們該向誰請求建言呢？」蓮師將一隻手放在伊喜措嘉的頭上，另一隻手放在年輕國王的頭上。

蓮師以至為溫暖和慈悲的口吻安慰他們：「對那些於我有信心的人來說，我從未離去。而對那些於我有邪見的人來說，就算我站在他們面前，他們也會視而不見。」

他們哀傷地獻唱給即將離開西藏的蓮師，蓮師則向藏王、大臣、僧侶、佛法導師、瑜伽士、密乘行者、瑜伽女、女居士、禪修者、施主、男女眾、醫者和病人，以及一般的藏人們，提出了離別的建言。接著，蓮師乘著一道光束，剎那間就飛向空中。

從西南方，蓮師回頭看了藏人們最後一眼，說道：「藏人們，聽著！我現在要走了，你們也應該回去了。如果你們仍然因世間輪迴所困擾，佛法的種子將不會在你們的心中萌芽。要修持佛法，並追隨我。」

語畢，蓮師放出一道充滿無量慈愛的光芒 [13]。

蓮師於貢塘隘口為藏王、耶喜措嘉、大弟子們和眾追隨者傳法。藏人又是頂禮、又是繞行，懇求大師不要離去。蓮師則說：「任何於我具信者，無論其為男或女，我蓮花生未曾離，即臥其人門檻上」。印度敏珠林寺壁畫。

蓮花生大士離開西藏之後，他的法脈傳承者伊喜措嘉擔任了宮廷的國師。雖然她在蓮師離開西藏時年歲已逾八十，但她不僅引導國王和許多人邁向證悟，還帶領了一個由優秀且虔敬人才所組成的小團隊，共同將蓮師的教言和教法以文字記載下來而成為蓮師的遺教。

蓮師去哪裡

蓮師抵達羅剎島後，降伏了妖魔軍隊之王。他以羅剎王的外在身形開始為遮末羅洲的居民宣說佛法。

　　在這個島嶼的中央，有一座黃銅色的山岳。在這座山的頂峰上，蓮師化現出一座名為「蓮花光」的神妙光明宮殿。至今，他仍然以超越生死的不壞之身駐留於此。只要輪迴的海洋仍然波濤洶湧，蓮師的加持便川流不息。他的身、語、意將為利益六道有情而不斷散放出各種化現。

吉祥銅色山（Zangdok Palri，桑東巴日）。蓮師以超越生死的不壞之身安住在這片淨土中。這幅畫是偉大的上師頂果欽哲法王（1910-1991）根據偉大的伏藏師秋吉・林巴（1829-1870）所看到的景象而委託繪製的。秋吉・林巴在一生中曾到訪銅色山三次，並且直接從蓮師處領受教法、傳承和加持。

註釋

註一：地方神祇

這還只是蓮師調伏且威懾地方神祇的其中幾則故事而已。在整個旅途裡，從尼泊爾的邊境到西藏中部，也就是藏王等候蓮師的地方，蓮師不僅降伏及制伏了鬼靈眾，並且還將他們任命為護法，承擔保護佛法的責任。今日，西藏本土的地方神祇皆為佛教徒。在佛法尚未傳入西藏前，西藏本土的宗教與大自然有密切的關係。人們向這些自身尚未完全證悟的神靈祈求保佑並且效忠他們。但這些世間神祇仍會受到自己的情緒所驅使。因此，他們很容易被激怒，也很容易受安撫。

註二：措嘉

伊喜措嘉是聖度母（Arya Tara）的化身。聖度母則是金剛亥母（Vajra Varahi）的化身，而金剛亥母於實相上為普賢王佛母（Buddha Samantabhadri）。她成了蓮花生大士最親近的知己，並且領受他所有的教法。她具有總持不忘的記憶力，因而得以寫下從蓮師那裡接受的一切教法。這些教法以伏藏的形式被封藏起來，等待將來有人取出。在蓮師所有的弟子當中，伊喜措嘉屬於他的心子。

註三：大臣

了解國王和他宮廷中一些大臣們之間的爭鬥故事之所以重要，是因為這樣我們才能夠了解蓮師是在什麼樣的情況下展現他的各種事業。雖然很多人對他做出人身攻擊，蓮師卻從未放棄他對藏王的慈悲和對西藏的希望。若不是因為他，佛法就不會進入西藏這片土地，而藏人也依然會維持他們的帝國主義模式。可以說是蓮師用佛法的甘露「軟化」了藏人的心。這也是何以這位偉大的印度班智達對西藏的恩惠，是永遠無以回報的。

註十：德瑪（terma）

蓮花生大士為後世佛法修行者做出的最大貢獻，就是曾以伏藏方式封藏
大批教法。這些都是為了在後世取出所埋藏的珍貴法教。即使到現在，
仍有經由授記的伏藏師繼續取出這些伏藏。以我們這個時代來說，頂果
欽哲法王（藏：Dilgo Khyentse Rinpoche, 二十世紀）就取出了許多蓮
師所封藏的教法。

註十一：成道傳記

幾乎所有的蓮師成道傳記都是由他在西藏時或離開後，親口宣說而記載
下來的。伊喜措嘉憑藉著總持不忘的記憶，成了主要彙集蓮師話語的
人。她將這些話語記載下來，以伏藏的形式為後世封藏起來。本書關於
蓮師的生平故事，就是從不同的伏藏中擷取出來的。此外，還有一些非
屬伏藏的成道傳記，例如西藏學者多羅那他（Taranatha，十六、十七世
紀）於其所寫的蓮師成道傳記中，便記載了他從印度上師口傳所領受的
蓮師生平故事。多羅那他的上師覺護（Buddhagupta-natha，音譯：佛陀
笈多那他）則是從他自己的上師靜護（Shanti-Gupta）那裡聽聞到蓮師
的生平故事。

註十二：淨相預示

此處所描述的故事有部分取自《如意樹》，這是一部由伏藏師秋吉．林
巴（藏：Chokgyur Lingpa，十九世紀）所取出的蓮師成道傳記。如同蓮
師的授記，秋吉．林巴為赤松德贊次子的轉世。

註十三：慈愛的光芒

仁波切開示：如果你想真正修持佛法，便要行善，勿以善小而不為。制
止惡行，勿以惡小而為之。最大的海洋是由水滴組成的；就連須彌山和
四大洲，也是由微塵堆積而成。最重要的佛法修持，就是保持思想和行
為上的正直。佛法修行的基礎，在於清淨的三昧耶、慈悲心和菩提心，
而這些當中，完全包含了密乘三昧耶戒、菩薩戒及聲聞戒。

蓮師八變為蓮花生大士於一生中不同時期所顯現的八種主要形象。事實上，他們都是一樣的，只不過依據不同眾生的需求而顯現及化現。

(1) 蓮花生（Padmasambhava，貝瑪桑巴瓦）：與他在西藏建立佛教有關。

(2) 海生金剛（Tsokye Dorje，措及多傑）：與他的出生有關。

(3) 愛慧上師（Loden Chokse，洛丹秋瑟）：與他的精通教法有關。蓮師在每當接觸新的教法時，便能即刻領會，且無需修練即可親見本尊。

(4) 蓮花王（Pema Gyalpo，貝瑪嘉波）：與他的王權有關。蓮師為了傳法而在烏迪亞納停留了十三年，國王、皇后及許多人因此證得了悟和虹光身。從此他便廣受稱揚為貝瑪嘉波，意思是「蓮花王」。

(5) 釋迦獅子（Shakya Senge，釋迦森給）：與他受出家戒有

關。

(6) 日光上師（Nyima Ozer，尼瑪渥瑟）：與他在屍陀林降伏魔眾並顯現為成就者的形象有關。

(7) 獅子吼（Senge Dradok，森給扎卓）：與他降伏外道有關。蓮師在菩提迦耶透過辯論駁斥且擊敗了五百名持有邪見的人。他用獅面空行母「伏魔」（梵：Marajita）給他的忿怒咒語遮止了他們的咒術。

(8) 忿怒蓮師（Dorje Drolo，多傑卓洛）：與他封藏伏藏並以誓言約束鬼靈有關。在十三個稱為「虎穴」的地方，蓮師化現出極其恐怖的狂慧忿怒相，將世間的鬼靈以誓言約束，令其保護伏藏並承事佛法。因此，他廣受稱揚為多傑卓洛，意思是「狂野的忿怒金剛」。

4 珍貴的法教

蓮花生大士於西元八一〇年、藏曆鐵虎年抵達西藏，在西元八六四年、藏曆木猴年離開。他總共在西藏停留了五十五年，這當中的四十八年是赤松德贊在世的時期，最後七年則是赤松德贊次子的執政時期。這位受人尊崇的印度班智達，調伏了居住在世界最高山脈上最兇猛的民族之一。西藏人後來放棄了他們好戰的行徑，而接受較為慈悲的生活方式。蓮師轉變了整個帝國，而他的影響力至今仍然強大。

他最簡單也最深奧的教法之一，被稱為「杖指老人的教授」。當偉大的蓮花生大士在桑耶的巨岩（Great Rock）閉關所隱居時，有一名來自哦地（Ngog）的六十一歲老人，名叫謝拉·嘉波（藏：Sherab Gyalpo）。他從未受過教育，但對蓮師卻有著最深切的信心及虔敬心。他服侍了蓮師一整年，在這段時間裡，他從未向蓮師請求任何教法，蓮師也並未傳授任何法教。

一年後，當蓮師打算離開時，這位哦地人供養了一座曼達盤，上面擺放了一朵由一盎斯黃金做成的花。接著他說道：「偉大的大師啊！請慈悲垂念我。首先，我沒受過教育。其次，我的智力薄弱。再者，我老了，所以四大已然衰損。懇求您賜予這個瀕臨死亡的老人一個簡單易懂的教導，讓我能夠徹底斷除疑惑，容易了悟和運用，具有實用的見地，而且對未來的生生世世都能帶來助益。」

蓮師將自己的手杖指向老人的心間，給了如此的教授：「聽著，老人！看著你自身覺性的覺醒之心！它無形無色，沒有中心，也沒有邊緣。最初，它沒有源頭，而為空。其次，它無所住留，而為空。最後，它沒有去向，而為空。這個空性並非由任何事物所組成，它清晰且能知。當你見到它、認出它，便能了知自己的本來面目。你明白了事物的自性，也就見到了自心本性，因而得以抉擇實相的基本狀態，並斷除對各個知識範疇的種種疑惑。

蓮花生大士、那爛陀方丈寂護（紅帽者）以及藏王赤松德贊（白頭巾者）的壁畫。印度公主曼達拉娃和西藏公主伊喜措嘉則立於蓮師兩側。中央主尊下方為蓮師八變。

　　這個覺性的覺醒之心，並非由任何物質所造，它本自存在，是你與生俱來的。此即事物的自性，不假外求而易於明瞭。這就是心的本性，其中並沒有一位實質的感知者，也沒有某個被感知而要加以固著的事物。它不受常見與斷見的侷限。在它之中，沒有任何要覺醒的東西；證悟的覺醒狀態，就是你本然覺醒的自身覺性。

　　在它之中，沒有任何會下地獄的東西；覺性是本然清淨的。在它之中，沒有任何要進行的修持；它的自性是本然能知的。這個本然狀態的殊勝見地，是你自身本具的。它無法向外尋得，你要對此加以抉擇。

　　當你能依此方式而了知見地並運用在自身的體驗當中時，你所在的任何地方，都是色身的山居蘭若。你所感知的任何外在顯相，均是本然展現的顯相與本然為空的空性；就任其如是，離於心意的一切造作。

　　當本自解脫的顯相成了你的助伴，你便可以取顯相為道。你內在任何的起心動念、思維，均無實質，而為空。出現的念頭是自然解脫的。若能憶念心的本質，你便可以取妄念為道，如此修持並不困難。我最深密的建言就是：無論你感受到什麼樣的煩惱，只要深入觀照那個情緒，它就會消失無蹤。如此，這個煩惱便自然解脫了。這是易於修持的。

當你能依此而修行時，你的禪修就不僅限於座間。了知一切均為助緣，你的禪修體驗將無有變異，內在自性則相續不斷，一切行止便不受拘束。無論你身在何處，永遠不會與你的內在自性分離。

當你了悟到這一點，你的色身或許衰老，但覺醒之心卻不染歲月。它並無老少之分。內在的自性是超越成見和偏私的。當你認識到自己本來就具有這種覺性、這種內在的覺醒，那時，便沒有根器的利鈍之差。當你了解到自己本來就具有這個離於成見和偏私的內在自性，此時，便沒有學問多寡之異。就算你的身體—這個心的所依—崩散分解，覺智的法身是永不止滅的。當你於此不變的狀態獲得穩固之後，便沒有壽命長短之別。

老人啊！修持這個真實要義吧！將這個修行謹記於心！不要把詞句和意義混淆了！切勿遠離你的朋友：也就是精進！要以正念攝持一切！莫沈溺於空談及無意義的閒聊！莫陷入世俗的追求當中！莫為子孫的事情而憂惱！莫過度貪求飲食！就讓自己平凡地死去！你的壽數將盡，要精進！修持這個為瀕臨死亡之老人所說的教訣吧！」

此尊由蓮師大弟子之一西藏譯師毘盧遮那所造，保存於桑耶寺，秋林仁波切攝於猴年。

由於蓮師說法時曾把手杖指向謝拉・嘉波的心間，所以這個教法稱為「杖指老人的教授」。來自哦地的謝拉・嘉波因此解脫且得到成就。這是由卡千公主（伊喜措嘉）為後世所記載下來的。這個教法以「杖指老人的教授」而聞名。

關於蓮師在離開西藏數百年後再度出現於西藏的故事，有著許多的記載。他出現在大師和虔誠修行者們的夢境和現實中。有些人去過他的銅色山淨土，在那裡親見了他並領受口傳及教法。

除了證悟者，無人能夠揣度另一位證悟者生平的廣浩事蹟。如果你將蘋果手機（iPhone）的神奇運作告訴一位活在十一世紀的人，他也完全無法理解。我聽說愛因斯坦曾經說過：「想像力比知識更加重要。」我們可以將想像力解讀為開放的心胸。世界上最偉大的發現和創造，有些都是因為對無限的可能性保持開放態度的結果。地球上最聰明的人、學者中的學者，如果沒有開放的心胸，思想便會受限，也不會再有進步和證悟的空間了。

「任何於我具信者，無論其為男或女，我蓮花生未曾離 —— 即臥其人門檻上。」
　　　　　　　　　　　　　　　　　　—— 蓮花生大士

附錄

本伏藏文分為兩篇，各介紹一尊蓮師代表像（Guru Rinpoche kutsab）的殊勝功德，由尊貴的乃旦秋林仁波切（H. E. Neten Chokling Rinpoche）於二 一七年春將圖像、藏文和英譯檔案交予普賢法譯小組，經小組請託由敦珠貝瑪南嘉進行藏漢翻譯，譯文於二〇一七年夏完成，並依仁波切囑咐廣於網路上宣揚。

二〇一九年復依仁波切指示而將圖文收錄於本書。

祈願一切有情見即解脫、吉祥圓滿！

蓮師代表像「放大悲光」之圖像

蓮師代表像「放大悲光」之伏藏文

耶謝措嘉佛母　　埋藏
敦珠貝瑪南嘉　　恭譯

蓮師代表「放射大悲光」，　　扎加[1] 果沃普[2] 之聖地中，
蓮花生與智身、業生身，　　所攝受之廣大徒眾俱。
彼時師為數千眾開啟，　　能解大悲大殊勝之王，
最極解脫嘿汝嘎所說，　　法性自聲現前宣說續，
金剛莊嚴祕密甚深義——　　《總集經》之中圍妙壇城。

於彼修製甘露法藥時，　　遍滿虛空飲血壇天眾，
廣袤真實融入所修物；
彼時瞻洲遍滿殊勝願、　　智光、受用解脫之馥香。

凡有得以見聞念觸者，　　少分亦增廣至十萬倍；
即使嚐受少許如芝麻，　　亦能普息病苦諸般障，
成就金剛壽與勝韶華，　　無勤生起大樂之智慧，
行境等同嘿如嘎佛故，　　當於七世無勤獲解脫。

1.扎加，按字面音譯應為雜加。該地可能在今日四川省甘孜州石渠縣的長
　沙貢馬鄉。
2.果沃普：意思為「鷹鷲穴」。

俱胝空行吟唱金剛歌，　　尤其於彼妙藥堆聚中，
任運現此精藏蓮師像，　　稀有大悲光芒遍一切。
眾皆欲取，女子我具緣，　　長時供養並得保管之；
終為將來具業緣眾生，　　能起無量廣大利生義，
成就悉地，埋於文跋札[3]。

一切見聞念觸此像者，　　實與親見蓮師無殊別，
能除一切怖畏苦逆緣，　　凡諸所求勝共眾悉地，
皆無勤賜，有如摩尼寶，　　實為人與天人供養境。

凡此教法珍寶所在地，　　三根護法海會便雲集，
善方天龍大眾自然聚，　　器情妙相增廣盡無餘，
精藏教法亦將長時住。

為之塗唇開眼亦必要，　　因其尤益眾生與教法。
其身支分一一之微塵，　　混合寶泥寶砂茵陳蒿[4]
複製無數代表像開光，　　將隨信眾虔心現兆相。

此像所在之處臻吉祥，　　必獲加持此乃大悲主——
蓮花生尊親言之遺教，　　智者應當善加銘心中。

3.文跋札：指「璀璨巖」（音譯：哦瑟跋威札）。
4.茵陳蒿：也寫作「茵陳」、「茵陳蒿」，為一種藥用草本植物。

同理，此像微少之質材，　　　置入雕刻抑或繪畫像，
乃至置於翻模泥像中，　　　　智慧薩埵當會真實住，
製成該像開光同時成。

今生來世昔無甚稀有，　　　　最勝精藏不埋於他處，
於璀燦巖空行聚會林，　　　　封印乃為將來具緣者，
埋此利生如意摩尼寶，　　　　無量泉源種子利樂基，
如理奉持誓言！三昧耶！　　　印！印！

恭譯於二零一七年七月。願賢善吉祥！

貢塘隘口為紀念蓮師離藏所建的佛塔。蓮師曾於此隘口，向即將失去依怙而
聚集該處的藏人允諾，未來將於（藏曆）每月初十親自現身，並說：「任何
於我具信者，無論其為男或女，我蓮花生未曾離，即臥其人門檻上」。

蓮師代表像「悉地德盛」之圖像

蓮師代表像「悉地德盛」之伏藏文

耶謝措嘉佛母　埋藏

敦珠貝瑪南嘉　恭譯

蓮師代表此「悉地德盛」，　乃是三世諸佛身語意，

功德事業總集之主宰──　大樂蓮花生尊親自於

具緣追隨聚集之眷眾，　勇父空行歡喜大園林，

多麥[1] 貝瑪貴[2] 之殊勝洲，　再度宣說最極深密法──

無上《密意集經》法門時，眾門徒為未來有情利，

祈請留下金剛身代表；

蓮師遂以如電迅神變，　普降廣袤十方諸剎土，

彼等一切加持勝所依，　悉皆匯一趨入光明篋，

安奉於大壇城修會中；

師以金剛看式意加持，　以對寶篋遂化甘露聚，

並將人間甚為悉有物──

無熱湖之寶砂茵蔯蒿，　各處聖地尸林土相混，

如是混合復施意加持，　乃成璀璨善逝佛子俱，

智慧加持匯集之寶像。

僅憶念彼悉地妙德盛，　而成大樂妙身甚明然。

未來蓮師代表度眾生，　乃為結緣具義有緣者，

廣行利他所依故遺此。

---

1. 多麥：地理區名，有廣狹二義，此處按狹義解釋，專指康區。
2. 貝瑪貴：意思為「蓮花莊嚴」。

具足心意精萃十三訣、
徐緩流淌慈給 3 匯流處，
封藏如獅口之磐石中。

五毒煩惱自解脫教言，
於彼寶積巖山之山頸，

一朝當有蓮師加持之
結緣熟解無量利生事，
與見蓮師本人無差別，
未來信士，留此代表像。

法主勸請具緣者尋獲；
見聞念觸此勝代表像，
為利未能得見蓮師之

是故具信恭敬虔誠眾，
無論共與不共諸悉地，

應向此代表像禮供禱；
所願無疑皆成盡無餘。

尤於此見解脫代表像，
是人當得上師身悉地；
設若稱嘆此等代表像，
設若作意於此代表像，
設若向此代表獻衣飾，
若以此像灌頂行利眾，
若供此代表像安奉處，
設若承侍於此代表像，
具足受用並獲聖者財。

塗繪眼口抑或敷金泥，

是人當得上師語悉地；
是人當得上師意悉地；
是人當得難思受用德；
是人事業無垠等虛空；
將生悅意天界越量宮；
生生世世皆斷貧窮苦，

3.慈給：地名。在此表示此伏藏是在慈給的河川匯流處取出的。

此等代表像前懷虔信，　　　三薈供輪便得脫惡趣，
十薈供輪能淨業障苦，　　　廿五薈供心願悉地成；
設若具足甚深瑜伽法，　　　舉行一百零八薈供輪，
是人必謁上師蓮花生，　　　蒙其垂念授記獲加持。

設若向此代表獻鮮花，　　　將具智慧威嚴得增勝；
設若向此代表獻薰香，　　　能持淨戒利他事無量；
設若向此代表獻明燈，　　　諸根敏銳將獲智慧眼；
設若向此代表獻淨水，　　　能淨蓋障淨諸病與魔；
設若向此代表獻食饌，　　　等持增上食　財物增；
設若向此代表獻妙樂，　　　美名遠揚菩提心純熟；
設若向此代表作獻浴，　　　能淨病魔罪障與阻礙；
設若頂禮繞此代表像，　　　解脫癲狂昏瞶諸病魔。

總之若人能以專注信，　　　承侍於此蓮師代表像，
是人必定不轉低劣生，　　　生聖種姓，速得菩提果，
一如親自面見並承侍，　　　上師蓮花生尊所獲得，
福德乃至異熟皆相等，　　　加持悉地無有少差別。

上師乃為珍貴如意寶，　　　心中所願依之任運成；
蓮師話語恆時不欺誑，　　　故我乃為後世留此言。

應斷猶疑生起虔敬信，　　若無懷疑心願必定成；
後世眾人！應由衷祈請！　　殷重受持此語！三昧耶！
印！印！

如是宣此一切利生法，　　最殊勝之典故益精要，
依照大悲主宰上師語，　　措嘉我乃撰此祕文句，
藏於空行聚所文跋札（璀璨巖）；
將來天子轉世名惹納，　　持鄔金教度眾最勝洲（秋居林巴），
緣分乃在五濁最濁時，　　除眾憂惱降臨迅如雷；
具足密行甚深緣起友，　　尋獲諸般最勝如意寶，
君王父子後學大眾俱，　　乃成如願受生持教者、
供養聖教施主之主尊，　　如理滿足具緣者希願，
結緣熟解事業臻圓滿。　　三昧耶！印！印！印！

化身大伏藏師秋居德欽林巴於貢堆[4]文跋札迎請出幻化紙片，
從中抉擇而出，並逐步寫為文字。海生上師歡喜之徒欽哲旺波
撰。善哉！薩日哇薩埵毗摩雜跋延度！

恭譯於二零一七年七月。願賢善吉祥！

4.貢堆（Go-stod）：蓮師與帕當巴桑傑曾經修行的殊勝聖地，後來許多
　祖師大德都曾予以加持。秋居林巴與蔣揚欽哲旺波曾在此地取出許多伏
　藏。《秋林新伏藏》中甚至有收錄專門介紹此地的短文。

工布地區「銅色吉祥山寺」所收藏蓮師足印的近拍。

伏藏師秋吉林巴：
乃旦秋林仁波切的轉世源流

　　蓮花生大士（蓮師）曾在西元第八世紀時留下了授記，預言在未來適當的時機，將有伏藏師取出他的法教；到了不同伏藏法教的取出時機，則有大伏藏師相應而出興於世。這些伏藏師能上山下海、飛天入地，甚至飛到無人可至的洞穴中，從堅硬的岩石中取出聖物。

　　其中一位大伏藏師，便是出現在十九世紀的鄔金‧秋吉‧德千‧悉波‧林巴（Orgyen Chokgyur Dechen Shikpo Lingpa），或簡稱秋吉林巴伏藏師（或音譯：德童秋久林巴）。他於藏曆土牛年（西元一八二九年，清道光九年）誕生在東藏囊謙的洽蘇（Kyasu）家族。蓮師親自授記了他的出世，且說他是藏王赤松德贊次子拉瑟譯師（Lhasey Lotsawa）的皇族化身。

　　頂果欽哲仁波切曾於《修心論說口訣》（Sheldam Nyingjang）一書中寫道：「唯一的父親赤松德贊王育有三子，次子慕如贊普乃是十地菩薩之主，不僅親證出離和了悟的尊貴功德，也由眾人見證了這些。他又稱為王子譯師（Prince

Translator），學識臻至圓滿，色身更於離世時消融化光，顯示他已了證識得本覺的無上成就。於此衰敗時期，他以神妙轉世來到這個濁世，並獲世人尊稱為鄔金・秋吉・德千・悉波・林巴，意思是『具成就之如海伏藏師的共同君王。』」

伏藏師秋吉林巴並非凡俗人等。他是蓮師在《金鬘紀事》（Golden Garland Chronicles）中所提及一百零八位大伏藏師中的最後一位。與他同期的人，都認為他是蓮師的真實代表。在以他為祈願對象的好幾篇祈請文中，作者清晰言明了秋吉林巴和蓮師的無二無別。蔣揚・欽哲・旺波於「秋吉林巴祈請文」中便寫道：

> 諸壇城主海生金剛持，顯現化身無上之持明，
> 雪域唯一皈依伏藏主，秋吉林巴蓮足我祈請！

秋吉林巴持有伏藏七傳，也常被視為一百零八位主要伏藏師中的最後一位。人們之所以視他為「一切伏藏師的共同君王」，其中一個原因是除了他之外，沒有別的伏藏師曾取出大圓滿界部（Space Section）的法教。大圓滿心部（Mind Section）的法教取出了不少，各個大伏藏師也都取出了訣部（Instruction Section）的法教，但唯有秋吉林巴傳續了界部的法教。因此，他的《大圓滿三部》（Three Sections of the Great Perfection）被視為其所取出伏藏中最殊勝的一

部。由於伏藏師佛母德千雀諄的面求，以及其虔誠弟子眾的懇請，第一世蔣貢工珠寫下了這篇稱為〈吉祥海螺妙音〉（The Melody of the Auspicious Conch）的秋吉林巴祈請文：

> 烏迪亞納二佛之心子，成就伏藏師海轉輪王，
> 諸妙示現護末法教眾，秋吉林巴蓮足我祈請。

秋吉林巴十三歲便取出了第一部伏藏，直至一八七〇年於四十一歲英年早逝，期間的伏藏著作共有三十三函，他自己的著作則另有十二函；這些法教和修持總稱為《秋林新巖傳》（Chokling Tersar，音譯：秋林德薩）。他的伏藏法教之所以獨特，乃因為其涵蓋了由前行修持到大圓滿阿底瑜伽的完整金剛乘修道。

第一世蔣貢工珠於〈吉祥海螺妙音〉寫道：

> 年值十三親遇鄔金尊，甚深伏藏灌頂予加持。
> 拉瑟儀軌聖物得領受。任運流瀉意藏我祈請。

秋吉林巴常在群眾面前取出伏藏，這使得大家更為確信他是蓮師的真實代表。在某次取藏的時刻，秋吉林巴為伏藏守護者獻上了修法甘露，請求解開封印。接著他在岩石表面畫了圖案，岩石便如乳牛香門般開啟，該處石頭掉落後，露出了存放伏藏的洞穴。當洞穴內部變得可見時，人們看到有彩虹光耀在閃爍，並發現有一股不尋常的香氣，而香氣似乎

瀰漫了整個山谷。秋吉林巴許多次都是以這般神妙的方式發現而取出了伏藏。

有時，秋吉林巴是透過淨相取藏。印度的班智達無垢友（毗瑪拉米渣）便曾現身並授予了《毗瑪拉甚深心髓》（Vimala Zabtig），其後再由他將之寫下。

另一次，他於淨相中參訪銅色山淨土，透過「耳傳」而從蓮師領受了《大圓滿阿底深義心髓》（Dzoghen Ati Zabdon Nyingtig）的法教。

除了伏藏法教之外，秋吉林巴也曾取出諸多聖物，以及無量極令人讚嘆的佛陀身、語、意所依物。頂果欽哲仁波切寫道：「此外，他的佛行事業毫無偏私地廣納了各種的修持和行止，以致薩迦、格魯、噶舉、寧瑪四派的無數學者和成就大師，都曾直接或間接地領受他甚深法教的甘露；因此這些深、廣伏藏的法教之光，猶如太陽般為佛法和眾生遍廣照耀。」其伏藏法教共有四十函。

他在一生當中，曾三次造訪蓮師的銅色山淨土。第一次是在他住於噶美寺（Karmey Monastery）期間。那次，蓮師將雙手放在他的頭上，給予加持和口傳、授記與教言。第二次是在他建造乃旦寺（Neten Monastery）期間。當主要建築完工時，寺院舉行了一場成就大法會；儘管牆壁尚待處理，

這場大法會依然安排在寺內進行。秋吉林巴從牆壁的隙縫中看見許多陽光和彩虹，其中有一道光耀觸及他顱器裡的白甘露和紅甘露，使得兩杯甘露都滾燙了起來。就在那些蒸氣當中，他看見銅色山淨土並遇到了蓮師。第三次則是在他住於乃旦寺時所作的一場夢裡。就是在他這幾次造訪銅色山淨土的經歷當中，空行母眾有一次對他說道：「尊貴部族之子，莫忘所見一切，謹記淨土樣貌。未來任誰得見、聽聞憶念祈請，皆得生於此地，蓮光淨土吉山。任誰與此結緣，必能獲得利益」。

秋吉林巴的伏藏共有十大、廿五小的傳承持有者，其中最重要者莫過於第一世蔣揚欽哲和秋吉林巴的兩位公子，以及第十四世、第十五世噶瑪巴與第一世蔣貢工珠等諸多偉大上師。

秋吉林巴於一八七○年六月二十九日圓寂。幾天後，蔣揚欽哲於淨相中見到他化現了一處新的淨土，稱為「蓮花遍覆」（Padma Kepa），而伏藏師則現身為報身佛「蓮花苗芽」（Padma Nyugu）。蔣揚欽哲從秋吉林巴領受了許多灌頂、口傳和教言，之後將其寫下而成為儀軌。伏藏師還承諾，未來追隨他的人將於死後立即投生於「蓮花遍覆」淨土。此乃是蔣揚欽哲所獲的秋吉林巴遺教。

第一世蔣貢工珠於〈吉祥海螺妙音〉寫道：

於此蓮花遍覆剎土中，蓮光勝上子您即蓮師。
十方化現此諸無量相，於汝尊前我今誠祈請。

蓮花生大士的伏藏像（側面照）：
由伏藏師桑傑・林巴（藏：Sangay Lingpa，1340-1396）所取出的伏藏品。

第四世乃旦秋林仁波切

乃旦秋林仁波切（Neten Chokling Rinpoche）在一九七三年八月十日誕生於不丹的農家，由第十六世噶瑪巴（大寶法王）與頂果欽哲法王共同認證為第三世乃旦秋林仁波切（秋林：秋吉林巴之簡稱）的轉世。

在正式認證為前世乃旦秋林仁波切的轉世後，便由頂果欽哲法王帶到了印度。一九七七年在錫金隆德寺（Rumtek Monastery）正式陞座時，第十六世噶瑪巴與頂果欽哲法王都在觀禮席中。第十六世噶瑪巴為年幼的乃旦秋林仁波切賜名：日津・久美・多傑（Rigzin Gyurme Dorje，持明不變金剛）。其後，他被帶到（位於德拉敦的）敏珠林寺，舉行第二次的陞座。最後，他則被帶到自己的道場貝瑪伊旺・卻噶久美林（Peme Awam Choegar Gyurmeling Monastery，位於喜瑪偕爾邦）再次陞座。因此，他總共在這三大寺院進行了三次陞座典禮。

仁波切於喜瑪偕爾邦比爾省自己的道場中，在幾位親教師的座下學習，也經常在印度、尼泊爾、不丹之間往返，從頂果欽哲法王領受法教和口傳。一九八四年，他在貝諾法王於南印度拜拉庫比的寺院（南卓林寺），從頂果欽哲法王領受《米滂全集》（Mipham Kabum）；次年，則於不丹彭措

林（Phuntsholing）從頂果欽哲法王領受《教誡藏》（Dham-Ngak-Dzod）。他在留駐不丹的大約兩年期間，從學於格西佳庫（Geshe Jha-ku）。一九八七年，仁波切開始在道場附近、同樣位於比爾的宗薩佛學院中，研讀佛教的義理，並成為該學院於著名堪布貢噶旺秋座下學習的首批弟子之一。他所研讀的論典包括《入中論》、《般若波羅蜜多》、《入菩薩行論》等等。

　　在學院的就學期間，仁波切仍隨時聽從頂果欽哲法王的指示而前往領受法教和口傳。法王在生命的晚期，曾要求仁波切成為他的侍者；也就是在這段珍貴的時光裡，仁波切獲得了極佳的機緣，不僅能夠領受稀有殊勝的法教和口傳，同時還能親近觀察偉大上師的身教而耳濡目染；因此，仁波切將頂果欽哲法王視為自己的根本上師。在法王於一九九一年圓寂之後，他多次走訪不丹，受教於大學者上師紐修堪仁波切；此外，也走訪尼泊爾，受教於大圓滿上師祖古烏金仁波切。紐修堪仁波切與頂果欽哲法王為同期的上師，也曾是親近的同事；祖古烏金仁波切則是頂果欽哲法王的親近法友。

普賢法譯小組 楊書婷 譯註：

(1)第四世乃旦秋林仁波切於二〇一八年指示要將過往對於 Neten 此稱號之翻譯（或有涅登、涅頓、涅瓊等）加以統一，而使用藏地祖寺的名稱「乃旦」。

(2)秋吉林巴有兩個轉世，一為乃旦秋林，一為慈克秋林。關於乃旦秋林傳承的簡介，可見於仁波切所拍攝之影片：Video 'A Brief History on the Lineage of the Neten Choklings'

詞彙解說

· 訶子（Arura）：北印度語稱為 Harad 或 Harada。學名為 Terminalia chebula。阿育吠陀和藏醫所使用的一種具有藥性的果子。

· 聖度母（Arya Tara）：大悲的女性菩薩。

· 觀世音菩薩（Avalokitesvara）：大悲的男性菩薩。（譯註：在漢地，觀音多為女相，但在藏傳佛教中，觀音一般以男相呈現。）

· 菩提心（Bodhichitta）：為了一切有情眾生而希求解脫或證悟的願力。

· 菩提薩埵，菩薩（Bodhisattva）：懷有菩提心之態度者。

· 遮末羅島，貓牛洲（Chamara）：須彌山周邊的八中洲之一。該島嶼位於我們這個世界南贍部洲的西南方。

· 青埔（Chimpu）：圍繞著桑耶寺的山群，是蓮師和其二十五大弟子的閉關處。至今仍是活躍的聖地。

· 秋吉‧林巴（Chokgyur Lingpa）：十九世紀來自西藏東部的一位重要大師。他是赤松德贊王之子的轉世，也是蓮師所授記的一位伏藏師。

· 空行母（Dakinis）：協助修道行者，自身亦行於證悟道上，並具有世間及出世間功德的非凡女性。也可指密續道的女性本尊，保護且承事佛法及其追隨者。對應的男性稱為勇父（Daka）。

· 八吉祥（Eight auspicious symbols）：梵文 Ashtamangala，分別為：圓滿寶傘、吉祥金色魚、法音遠揚的海螺、圓滿綻放的蓮花、勝利寶幢、滿願寶瓶、法輪，以及象徵無邊智慧的無盡結；每個符號都象徵著佛陀教法的某一層面。

・世間八法（Eight worldly concerns）：輪迴的特徵，人們執著於利、樂、稱、譽，並且厭惡衰、苦、譏、毀。

・五明（Five Sciences）：聲明（語言學）、因明（辯證法）、醫方明（醫學）、工巧明（藝術與工藝）、內明（教理哲學）。

・大圓滿（Great Perfection）：梵文 Mahasandhi，藏文 Dzogchen。

・馬頭明王（Hayagriva）：觀音的忿怒相。

・嘿嚕嘎（Heruka）：忿怒本尊。

・南贍部洲（Jambudvipa）：我們的世界。根據佛教的宇宙觀，此世界為須彌山周邊的四大洲之一。

・嘎巴拉，顱器（Kapala）：用人類頭蓋骨做成的容器，是一種儀式用的法器。

・羅擦瓦，譯師（Lotsawa）：西藏的譯者們。

・大成就者（Mahasiddha）：偉大的修行者。

・大殊勝嘿嚕嘎（Mahotarra）：藏文又稱 Chemchok。這位本尊體現了佛陀所有的證悟功德。

・曼達，曼陀羅，壇城（Mandala）：藏文 Kyil khor，直譯的意思是「中心與周圍」。（1）可以代表本尊及其眷屬，也是密續本尊剎土的視覺象徵；（2）曼達供養是一種觀想獻上整個宇宙和所有物質的供養方式。

・手印（Mudra）：手勢、姿態。

・龍族（Nagas）：居住在水中，是巨大財富和寶物的守護者。

· 班智達（Pandits）：原於印度次大陸上，為了宣揚佛法而前往西藏的大師們。（譯註：原意為大學者。）

· 儀軌，法本（Sadhana）：關於如何成就某種法門的指南或手冊。

· 普賢王佛母（Samantabhadri）：三世一切諸佛之母。對應的男性是普賢王如來。

· 輪迴（Samsara）：六道中的生、死和再次投生的循環，具有痛苦、無常和無明的特徵。

· 六道（Six realms）：天神道、阿修羅道、人道、畜生道、餓鬼道、地獄道。

· 佛塔，舍利塔（Stupa，音譯：窣堵坡）：半球形的穹頂建築物，內部供奉著佛舍利，象徵著佛陀的證悟密意。藏文的 chorten 和亞洲國家的寶塔（pagoda）皆屬佛塔的稱呼。

· 十善（Ten Virtuous Acts）：避免殺生、偷盜、邪淫這三種身體的惡行，避免妄語、兩舌、惡口、綺語這四種口語的惡行，並且避免貪欲、瞋恚、邪見這三種意念的惡行。

· 伏藏護法（Terdak，音譯：德達）：由蓮師指派的伏藏（terma）守護者，保護伏藏直到有被授記的伏藏師出現。

· 伏藏（Terma，音譯：德瑪）：由蓮師所封藏的寶藏和法教。

· 伏藏師（Terton，音譯：德童）：伏藏的取藏者。伏藏師皆為蓮師所親自授記。

· 三寶（Three Jewels）：佛、法、僧。

· 西藏（Tibet）：因其位於喜馬拉雅山脈上，西藏以「雪域」之稱而聞名。

· 食子（Torma，音譯：朵瑪）：儀式用的糕點或供品（梵：Balim）。

· 異教徒，外道（Tirthikas）：邊見的擁護者。

· 金剛，杵（Vajra）：藏文 Dorjee。用以描述其無能勝、不可摧、不壞滅的功德。也是一種法器。

· 金剛座（Vajra Seat）：悉達多太子禪定及證悟成佛之地。位於現今的菩提迦耶。

· 普巴金剛，金剛橛（Vajrakiliya）：藏文 Phur ba，音譯：普巴。此位本尊是金剛薩埵的忿怒相。

· 真實意嘿嚕嘎（Vishuddha）：藏文 Yangdak，音譯：揚達。此位本尊是金剛手菩薩的忿怒顯現。

· 金剛亥母（Vajravarahi）：左耳上方有母豬首突出的智慧空行母。她是金剛瑜伽女（Vajrayogini）空行母的忿怒相，乃一切忿怒空行母之首。

· 文殊閻摩敵（Yamantaka）：文殊菩薩的忿怒顯現。（譯註：有時會翻譯為「大威德金剛」，但這兩個詞在各教派其實有不同的意義，請依自己上師的教導為主。）

· 地方神祇（Yul-lhas，音譯：域拉）：西藏本土的神明和鬼靈。

· 芥子（Yun- kar seed）：芥菜種籽。

本書內容參考了許多藏文的蓮師傳記文獻，以及自生智出版社（Rangjung Yeshe Publications）所發行的著名譯作《蓮師傳：蓮花生大士的生平故事》（The Lotus Born-The Life Story of Padmasambhava）。

《摩揭陀國授記經》（Sutra of Predictions in Magadha）的引述出自《蓮師傳：蓮花生大士的生平故事》；

蓮師的法語則摘錄自《蓮師心要建言》（Advice from the Lotus Born，自生智出版社）；

〈杖指老人的教授〉（The Instruction of Pointing the Staff at the Old Man）亦擷取自《蓮師心要建言》。

圖片來源：

確吉・巴嫫（Chokyi Palmo）：頁7、12、28、29、35、46、49、70、92

乃旦・秋林（Neten Chockling）：頁17、24、27、30、45、53、54-55、59、78、91、108、115、127

馬修・李卡德（Matthieu Ricard）：頁63、73

雪謙寺檔案庫：頁94-95、100-101

洛克什・錢德拉教授（Prof. Lokesh Chandra）：頁80

不丹皇太后格桑・卻登・旺楚克（Ashi Kesang Choeden Wangchuck）：頁39、104-105

印度敏珠林寺 (Mindroling Monastery, India)：頁47、59、68、86、93

《文殊根本續》中提到，若置此二十六字咒於法本當中，
可免生跨行法本的過失。

According to the Root Tantra of Mañjuśrī, placing this
twenty-six syllables mantra in a dharma text
can prevent the faults of stepping on the text from occurring.

蓮花生大士
- 聽 伏 藏 師 說 故 事 -

Padmasambhava

作　　者：乃旦‧秋林仁波切
　　　　　(Neten Chokling Rinpoche)
譯　　者：陳思喬
校　　對：黃靖鈞
審　　閱：楊書婷

總 策 劃：釋了意
主　　編：釋寶欣
美術編輯：蔡明娟

發 行 人：陳惠娟
出版發行：財團法人靈鷲山般若文教基金會附設出版社
地　　址：23444 新北市永和區保生路 2 號 21 樓
電　　話：(02)2232-1008
傳　　真：(02)2232-1010
網　　址：www.093books.com.tw
讀者信箱：books@ljm.org.tw
法律顧問：永然聯合法律事務所
印　　刷：中原造像股份有限公司

劃撥帳戶：財團法人靈鷲山般若文教基金會附設出版社
劃撥帳號：18887793
二版一刷：二〇二一年一月
定　　價：新臺幣 400 元
Ｉ Ｓ Ｂ Ｎ：978-986-97888-6-1

國家圖書館出版品預行編目(CIP)資料

蓮花生大士：聽伏藏師說故事 / 乃旦.秋林仁波切
(Neten Chokling Pinpoche)作；陳思喬譯. --
二版. -- 新北市：靈鷲山般若出版, 2021.01
　　面；　　公分
ISBN 978-986-97888-6-1(精裝)

1.蓮華生 2.藏傳佛教 3.佛教傳記
226.969　　　　　　　　　108021103

靈鷲山般若書坊